JN204509

飯塚仁康 =著　日本M&Aセンター

鈴木安夫 =監修　日本M&Aセンター 執行役員

しんきんファミリーにおける

事業承継・M&A事例集

信用金庫の地方創生戦略

一般社団法人 **金融財政事情研究会**

はじめに

　加速度的に進む日本全体の人口減少と少子高齢化は、日本経済全体の大きな重荷となっています。なかでも、地域社会にとって人口減少問題の影響は特に深刻で、地域社会との共存を掲げる信用金庫にとっても、大きな問題となっています。取引先数の減少に歯止めがかからない信用金庫も数多く、企業の存続・雇用の維持は信用金庫、地域社会が存続するための喫緊の課題といえます。今後も続くと推計される人口減少と企業数減少に対策を講じるため、信用金庫が地域社会に求められる役割はより大きなものになると思います。

　昨今、全国信用金庫事業承継・M&A研究会（しんきんファミリー、8ページ参照）にご参加いただく全国の信用金庫からの事業承継相談や取引先企業の後継者問題の相談が非常に増えています。その相談対応のため、信用金庫の本支店がある全国の地方都市を数多く訪問してまいりました。駅前に降り立った時、主要ターミナルの駅前商店街であっても、昼間であるにもかかわらず"シャッター街"が続いている状況は非常に残念に思います。信用金庫の本店は、基本的に街の中心（繁華街）にありますが、駅前から信用金庫本店の前までシャッター街が続いている光景も少なくありません。

　また、信用金庫の役職員向け研修会や取引先企業向けセミ

ナーの講師を務めるために、土曜日に信用金庫の本店を訪問する機会もありますが、小中学校がお休みの土曜日の昼間であるにもかかわらず、駅前や信用金庫の本店周辺で若い学生や子どもをほとんど見かけない地域もたくさんあります。そのような光景を目の当たりにした時、われわれは本当に目を覆いたくなります。そして、信用金庫の役職員の皆様方とそういった状況を少しでも打開し、それぞれの地域社会に活気を取り戻していきたいという気持ちがわくのです。

そのためには、信用金庫の役職員の方々に本書の事業承継・M&A業務の実例を通じて、取引先企業の事業承継問題を少しでも身近に感じていただき、皆様方とともに取引先企業の存続と発展ならびに雇用の維持を実現し、豊かな地域社会を創造するお手伝いができればと考えています。

地域社会の今後の発展のため、事業承継・M&A業務の普及に努め、地域社会においてより身近なものにすることで、信用金庫のお客様がより幸せになれる環境をともにつくりあげていきたいとわれわれは考えています。そして、信用金庫における事業承継・M&A業務の体制構築と人材育成が進み、"事業承継・M&A業務に従事する仲間＝しんきんファミリー"が日本国内で活躍することで、地域社会の人々に事業存続の勇気と希望と感動を与えたいと考えています。そして、本書によって、信用金庫の大切な取引先である中小企業に着目していただき、しんきんファミリーの皆様とともに、事業承継・M&A業務を

通じて企業の存続と地域社会の発展に少しでも貢献ができれば幸いです。

2018年7月

株式会社日本M&Aセンター　**鈴木　安夫**

飯塚　仁康

目　次

第 2 章

親族に後継者候補がいる会社のM&A （三島信用金庫）

第 5 章

医療法人（出資持分なし）のM&A（城南信用金庫）

第 6 章

事業承継対策におけるヒヤリとした事例
—— 株券の買取りに難航した事例（三条信用金庫）

信用金庫に求められる
事業承継・M&A支援業務とは

　事業承継・M＆A支援業務は、これから信用金庫のメイン業務の1つになっていくのではないかと、私は考えています。信用金庫がこれからも永年にわたり地域社会に根ざしていくための必須業務になるともいえるのではないでしょうか。

　このように感じる背景には、大きく3つの問題があります。

　1つ目の問題は、信用金庫のお客様が抱える問題です。いうまでもなく、日本の少子高齢化問題は大変深刻です。実際、信用金庫の取引先の中心となる中小企業の社長の「平均引退年齢」と実際の「平均年齢」は、近づきつつあります。つまり、今後は信用金庫のお客様のなかで、事業承継問題がますます顕在化していくということです。このようなお客様をこのまま放っておくと、廃業となることも考えられます。廃業になれば、その時点で融資が返済されるか、融資が返済されない場合は信用金庫が引当をするかのどちらかになります。他の金融機関に肩代わりをされるなどして融資を完済できる取引先はまだ救われますが、そうでないところは信用金庫が引当を実施するという選択肢しか残されません。いずれにしても、信用金庫との既存取引はすべてなくなってしまいます。

　2つ目の問題は、信用金庫の地盤である地域社会の問題です。取引先企業の廃業や雇用の減少により地域経済が活気を失

い、地域の中心街であってもシャッター街となっている地域があります。また、地元の若い人の多くが都市部の企業に就職してしまい、地元から若者がいなくなり、中小企業の人手不足や空き家の増加など多くの問題が生じています。地域経済の安定を保つためにも、信用金庫は地域企業の存続を支援する必要があります。

3つ目の問題は、信用金庫自体の存続に関する問題です。地域社会が疲弊してしまえば、地域との共生・共存を掲げている信用金庫自体の存続問題に直結します。具体的には、取引先企業の休廃業の増加に伴い、既存の取引先数が減少し、貸出金の残高が低下することにより、金利収入が低下していくことが考えられます。また、信用金庫自身の雇用問題に発展することもおおいに考えられます。収益の悪化に伴い賃金が低下することによって、地元の信用金庫に学生が就職したがらない状況となれば、地域で職員を採用することがむずかしくなります。都市型の信用金庫あるいは東京・大阪・名古屋といった大都市圏の信用金庫には全国から学生が集まりますが、それ以外の信用金庫では雇用が確保できない状況になってくることが想定されます。取引先企業の休廃業に起因する不良債権の増加、人材不足が、さらなる信用金庫の体力の低下につながる可能性もあります。それが信用金庫自体の経営の問題です。

そういった意味で、できるだけ早くこの事業承継・M&A支援業務に取り組み、早期の体制づくりや人材の育成に着手して

いくことは非常に重要だと考えます。より具体的には、業務体制を構築し、事務に関する手続規程などを整備し、事業承継業務に精通したより専門性の高い人材を育成することが喫緊の課題であると考えられます。

そこで、まずはより多くの信用金庫職員の皆さんに、この事業承継問題を身近に感じていただければと思い、本書を執筆しました。事業承継問題に悩んでいるお客様をそのままにしておかない信用金庫の体制づくり、事業承継問題に積極的に関与する職員の育成のお手伝いになれば幸甚です。

3つの部門の連携とコミュニケーション

では、信用金庫は今後どのように事業承継・M&A支援業務に取り組めばいいのでしょうか。信用金庫の組織として、具体的に何をしていけばいいのでしょうか。信用金庫の役職員向け研修会などで、私はいつも3つの円を描きます。3つの円とは、それぞれ「お客様」「営業店」「本部」で、事業承継・M&A業務にかかわる人を表しています。

この3つの円のなかで、これから事業承継・M&Aに関する意識が高まってくるのはどの部門かというと、圧倒的に「お客様」です。日本における中小企業経営者の高齢化問題をふまえると、会社の後継者問題が現実の課題となり、事業承継問題が顕在化し、事業承継問題に対する意識と危機感が高まってくる

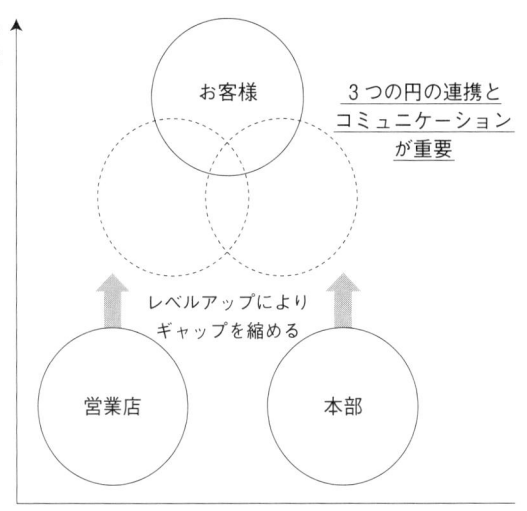

のは、圧倒的にお客様ご自身の立場です。

　お客様の意識がこれから非常に高まり、加えて事業承継問題に対する意識が高い「お客様」がこれからたくさん増えてくる状況であるにもかかわらず、信用金庫の「営業店」と「本部」の意識と危機感がそのままの状態であれば、「お客様」の意識レベルとのギャップが大きく開いてくることとなります。だからこそ、信用金庫としては、まずは「営業店」と「本部」が積極的に連携し情報を密に交換できる体制にすることが重要です。それとともに、役職員向けの研修会などを通じて「営業店」と「本部」の役職員のスキルアップを実施することで、これから本格的に後継者問題を迎える「お客様」に寄り添える信用金庫の体制づくりと人材育成に積極的に着手していただきた

いと思っています。

　信用金庫が事業承継問題における体制づくりと人材育成に取り組んでいく際の具体的なアクションとして、まずは、常日頃からお客様との接点をもっている営業店の役職員を対象とした研修会の開催をお勧めします。これは、「信用金庫の営業店職員に取引先企業の事業承継問題を身近に感じてもらう」、そして「取引先企業の事業承継問題を放置しない」という意識づけにつながります。

　そして、その役職員向け研修会を通じて営業店職員の問題意識やレベルが向上すれば、次に事業承継・M&A支援業務を統括する「本部」に対しての質問・各種照会や問合せ・同行訪問の依頼などが増えていきます。専門的に活動する「本部」の役職員には、当然ながら「営業店」職員よりもワンランク上の事業承継・M&Aの相談実務スキルとノウハウが求められます。

「ハイレベルな実務スキル」と「人脈」の形成

　私は、信用金庫の「本部」担当者に求められるスキルとノウハウは2つあると考えています。それは、「営業店よりもより高いレベルの実務スキル」と「同じ事業承継業務を担当している者同士の横のつながり」です。「横のつながり」とは、他の信用金庫において事業承継・M&A支援業務を担当する役職員をどれだけ知っているか、言い換えれば、事業承継・M&A業

務に関する不明な点が発生したとき、気軽に聞ける相談相手や仲間を他の信用金庫においてどれだけ有しているか、ということです。

　われわれ日本M&Aセンターと一般社団法人金融財政事情研究会は、このスキルアップと人脈づくりの両面に関し、「事業承継・M&Aエキスパート協会」と「しんきんファミリー」という2つの組織によって、全国の信用金庫の皆さんをサポートしています。

　「事業承継・M&Aエキスパート協会」は、一般社団法人金融財政事情研究会と日本M&Aセンターが共同して運営している事業承継・M&Aに関する資格制度です。事業承継・M&A支援業務におけるプロフェッショナルランクの「M&Aシニアエキスパート」資格と、スタンダードランクの「事業承継・M&Aエキスパート」資格があり、それぞれのスキルにあわせて受験し、資格を取得していただいています。2018年4月現在では、全国の資格保持者は合計20,000名を超えています。さらに、2017年10月には「事業承継シニアエキスパート」という資格も新設されました。M&Aエキスパート認定制度を通じて、専門人材の育成やスキルアップに役立てていただきたいと考えています。

「しんきんファミリー」の理念とビジョン

　他の信用金庫との「人脈づくり」の支援として、全国の信用金庫において事業承継・M&A支援業務に従事する役職員を対象に、「しんきんファミリー」と称する信用金庫事業承継・M&A研究会を毎年5月と11月に開催しています。信用金庫における事業承継・M&A支援業務に従事する仲間＝「しんきんファミリー」とし、ここでは、それぞれの信用金庫の事業承継・M&A支援業務に対する体制づくりや人材育成の取組事例についてたくさんの情報を共有していただいています。また、信用金庫担当者による事業承継・M&A支援業務の事例の発表を行っています。最も重要なのは、他の信用金庫の事業承継・M&A担当役職員との交流を深め、そういった方々とのパイプをより太くしっかりとしたものにしていただくことです。

　より多くの信用金庫役職員にご賛同いただき、信用金庫における事業承継・M&A支援業務に従事する仲間＝「しんきんファミリー」を拡大し、情報交換の場が活性化することで、信用金庫業界における事業承継への取組みをこれまで以上に盛り上げていけたらと願っています。

しんきんファミリーの理念とビジョン

しんきんファミリーの理念

事業承継・M＆A業務を通じて中小企業の存続と発展に貢献し、
雇用の維持と豊かな地域社会を創造する。

しんきんファミリーのビジョン

事業承継・M＆A業務の普及に努め、より身近にすることで、
地域のお客様がより幸せになれる環境を作り上げる。
業務体制の構築と人材の育成に努め、我々が日本国内で活躍することで、
地域社会の人々に事業存続の勇気と希望と感動を与える。
常に向上の精神を保ち、同じ地域社会の、
さらには他のしんきんファミリーとの友好を深め、地域社会の発展に貢献する。

しんきんファミリーの約束 2020

2020 年には、業務体制の構築と人材の育成を継続するために、
ふたつの目標を達成する。
1.事業承継・M＆A業務に従事する仲間＝しんきんファミリーが 2,000 人になる。
2.しんきん&Biz の利用信用金庫は 50 信用金庫となる。

しんきんファミリーの約束 2030

2030 年までには、より豊かな地域社会を創造するために、ふたつの目標を達成する。
1.事業承継・M＆A業務に従事する仲間＝しんきんファミリーが 10,000 人になる。
2.しんきん&Biz の利用信用金庫は 150 信用金庫となり、
国内最大の事業承継・M＆Aネットワークとなる。

　次章からは、私たちがお手伝いした信用金庫における事業承継・M&A業務の具体的な事例を紹介していきます。その前に、理解を進めるために、中小企業を対象としたM&Aの手順について、簡単に説明いたします。

　一般的に、M&Aは、「相談」→「受託」→「案件化」→「マッチング」→「基本合意」→「買収監査」→「最終契約・クロージング」という流れで進みます。さらに、この過程のなかで細かいステップを踏む必要があります。われわれ日本M&Aセンターのような仲介機関がかかわる「仲介形式」の場合、次の図表のような流れで進むこととなります。

　各章の最後に、コラムとしてそれぞれのステップの内容を具体的にまとめてみました。今後の業務遂行における参考にしていただければ幸いです。

M&A成約までの流れ

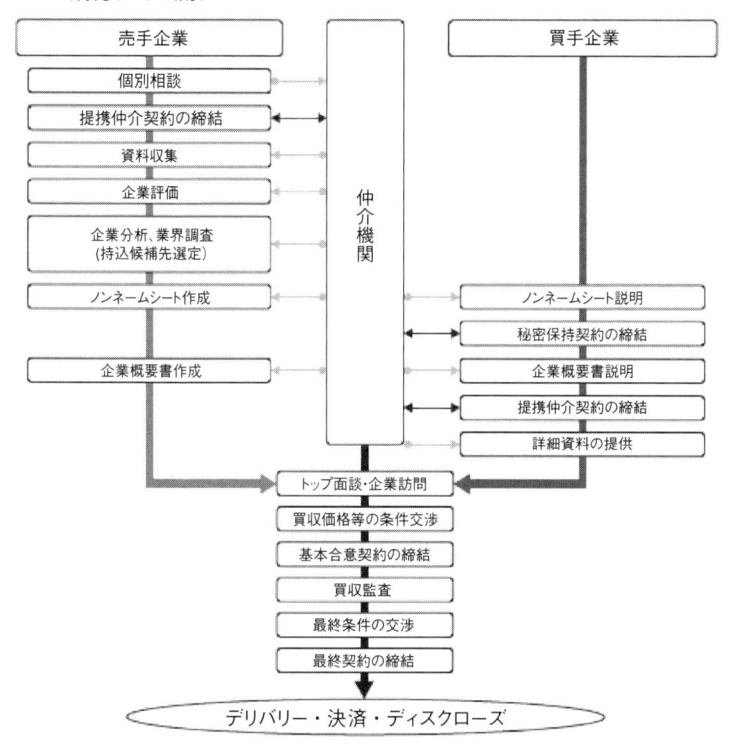

選択と集中による
事業の切り離し
（新潟信用金庫）

本事例の概要

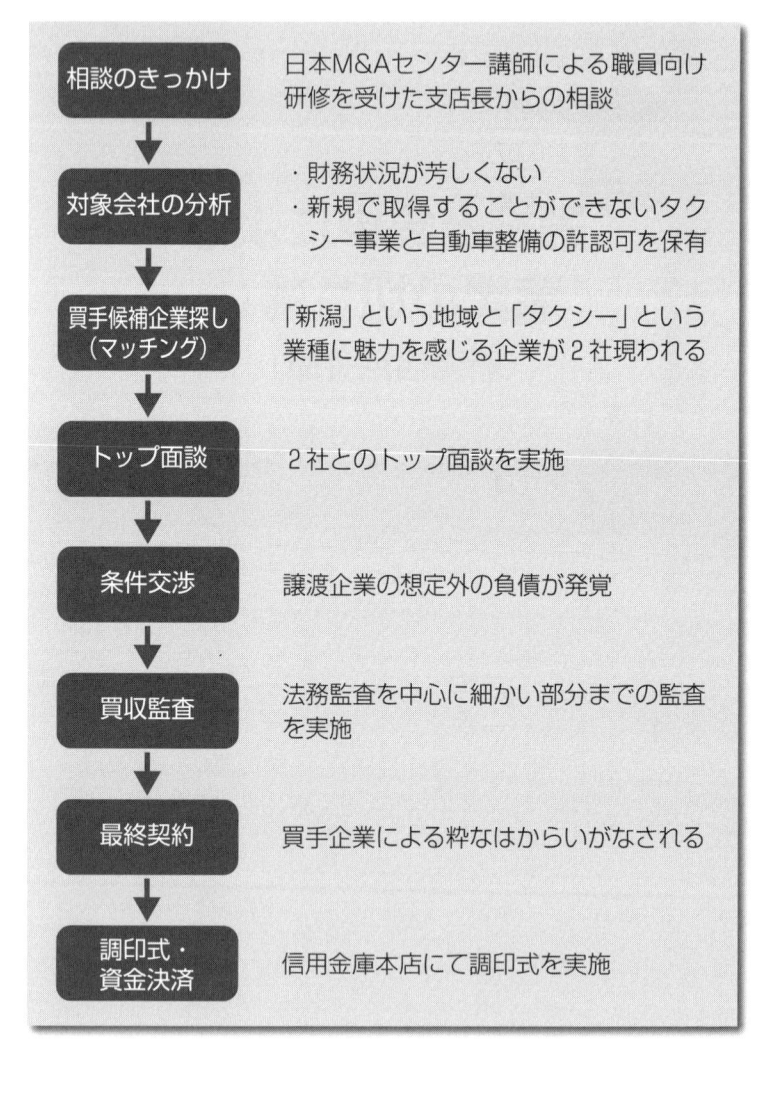

相談のきっかけ	日本M&Aセンター講師による職員向け研修を受けた支店長からの相談
対象会社の分析	・財務状況が芳しくない ・新規で取得することができないタクシー事業と自動車整備の許認可を保有
買手候補企業探し（マッチング）	「新潟」という地域と「タクシー」という業種に魅力を感じる企業が2社現われる
トップ面談	2社とのトップ面談を実施
条件交渉	譲渡企業の想定外の負債が発覚
買収監査	法務監査を中心に細かい部分までの監査を実施
最終契約	買手企業による粋なはからいがなされる
調印式・資金決済	信用金庫本店にて調印式を実施

対象会社の基本情報

会　　　社	ハマタクシー株式会社	松浜自動車株式会社
創 業・設 立	1966年3月設立	1964年4月設立
資　本　金	1,000万円	1,000万円
株　　　主	代表者100%	代表者を含む親族100%
代　表　者	代表取締役　小林信太郎社長（66歳）	
事 業 内 容	タクシー事業	自動車整備業
直 近 売 上 高	約1億2,000万円	約5,000万円
主 要 販 売 先	一般消費者	一般消費者・ハマタクシー株式会社
従 業 員 数	正社員40名、パート1名	正社員5名
関 連 会 社	不動産販売会社・建築会社の2社	

譲 渡 理 由	事業の存続と発展のため
譲渡スキーム	発行済全株式の譲渡

親族関係図

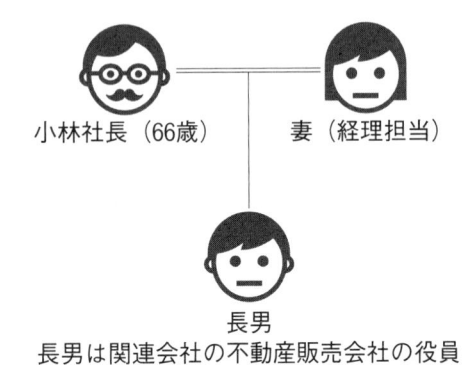

小林社長（66歳）　　妻（経理担当）

長男
長男は関連会社の不動産販売会社の役員

小林社長が経営する会社

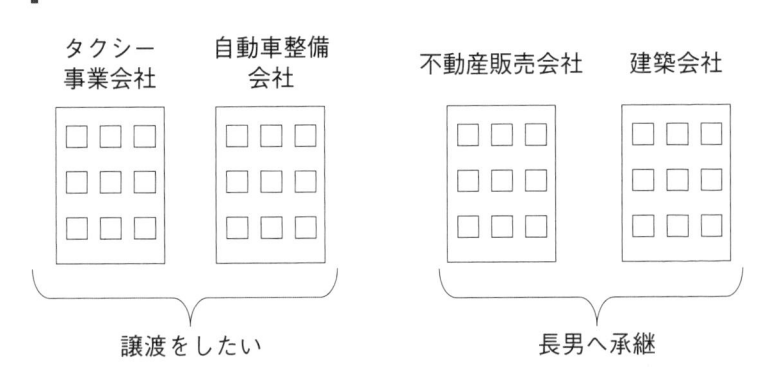

タクシー事業会社　自動車整備会社 — 譲渡をしたい

不動産販売会社　建築会社 — 長男へ承継

本事例のスケジュール

日　程	手　続
2016年11月	対象会社との個別面談を実施
2016年11月	対象会社と提携仲介契約書を締結
2017年5月	トップ面談
2017年9月	基本合意契約書の締結
2017年11月	買収監査を実施
2017年12月	株式譲渡契約書を締結
2018年2月5日	資金決済・デリバリー

相談のきっかけ

　本事例は、地元の名士かつ有力企業の社長であり、信用金庫の総代でもあるお客様からの相談でした。複数の会社を経営していることから、事業の選択と集中のためにM&Aでの事業の切り離しを提案し、信用金庫が丁寧に対応した好事例です。

　株式会社日本M&Aセンター（以下、日本M&Aセンター）では、一般社団法人金融財政事情研究会と共同して「全国信用金庫事業承継・M&A研究会」、通称「しんきんファミリー」という信用金庫の役職員を対象とした中小企業の事業承継・M&A業務に関する研究会を定期的（原則5月と11月の年2回）

に開催しています。この研究会は、2016年より各地域でも開催しており、2016年2月には新潟県でも開催しました。

この新潟でのしんきんファミリーにご参加いただいた新潟信用金庫から、信用金庫の役職員向けに事業承継・M&Aに関する研修会の講師をしてほしいという要望を受け、2016年11月に新潟信用金庫にて役職員向けに事業承継・M&Aの研修会を2回実施しました。研修会終了後に質問を受け付けていたところ、この研修会を受講していたある支店長から個別に相談があると声をかけられたのが本事例の始まりでした。

支店長によると、お客様からの相談を受けM&Aが実施できないかどうかを信用金庫が独自で試み、取引先のなかから買手候補先を見つけて紹介をしていたものの、2社連続で話が進まず、成約に至らなかったとのことでした。日本M&Aセンターが全国の信用金庫と連携してM&A案件を進めており、何件も成約の実績があると研修会で知った支店長は、思い切って私に相談をしてきてくれたのでした。

本件は新潟信用金庫として初めてのM&A事例です。買手先探しのお手伝いにとどまらず、M&A仲介の専門企業として、可能な限りの細やかなサポートを行うことに努めました。

対象会社の概要

対象会社の社長である小林信太郎氏は、タクシー事業会社、

自動車整備会社、不動産販売会社、建築会社、合計4つの会社を経営していました。小林社長からのご相談は、4社のうちタクシー事業会社と自動車整備会社の2社のみを譲渡したいというものでした。2社はどちらも60年ほどの歴史ある会社でしたが、地元新潟の人口減少に伴い、タクシーの利用も自動車整備の依頼も年々減少し、収支でみると好調とは言いがたい状態が続いていました。

当時、小林社長の年齢は66歳でした。まだまだお元気ですが、一般的には事業承継を念頭に置いた対応が迫られる年齢といえます。小林社長は自分が経営する会社の財務状況をふまえ、今後は不動産関連会社の2社に注力していきたいと考えていました。また、小林社長には息子が1人おり、この長男はすでにこの不動産関連会社2社の経営に携わっていたことから、この2社のみの経営を承継させることが、円滑な事業承継のかたちであり、長男にとってもよいだろうと考えたのです。長男本人の意向としても、不動産関連会社のみを続けていきたいとのことでした。

つまり、今回の相談は、会社の財務状況上、小林社長がもつすべての会社を後継者である長男に承継することは困難なため、4社のうちタクシー事業会社と自動車整備会社の2社のみを譲渡したいというものでした。

　支店長から相談を受けてすぐ、対象会社の小林社長に新潟信用金庫の支店へご来訪いただき、より詳細な内容を伺う機会を設けました。ここには、支店長をはじめ、新潟信用金庫の本部担当者、そして私も同席しました。不動産関連会社の2社だけを長男に残し、タクシー事業会社と自動車整備会社を譲渡したいという小林社長の意向を確認し、その他のさまざまな要望などを伺っていきました。

　私は、今回の対象会社の1つがタクシー事業会社だと聞いて、「お相手は間違いなく見つかるだろう」と直感的に思いました。タクシー事業は新規で許認可を得ることが大変困難であるため、M&Aのお相手としては比較的人気の業種です。財務状況の問題はあるものの、進めるべきだと、その時私は強く思いました。

　小林社長には私からM&Aの手順について説明を行いました。案件を進める場合はどのような流れになるのか、どれくらいの期間がかかるのか、どのような資料の提出が必要となるのか、どれくらいの手数料がかかるのか、すべてご理解・納得が得られるように、新潟信用金庫と協力しながら一つひとつ丁寧に説明をしました。

　通常、外部のM&A専門コンサルタントと聞いたら構えてしまい、自分の本心をすぐには積極的に話さないお客様がほとん

どです。加えて、初対面の人間を相手にデリケートな問題について相談し、会社の将来を預ける覚悟をするのは並大抵のことではありません。このようなお客様の心の壁を少しでも取り払ってもらえるよう、丁寧な対応を心がけています。しかし、それでも最初から打ち解けてご決心いただくのはむずかしいところです。

このような場面で、常日頃から社長をよく知っている信用金庫の支店長の存在がきわめて大きな役割を果たします。1つの地域に根差した営業を行っているからこそ、信用金庫の支店長はお客様のことをよくご存知です。親身になってお客様の話を聞き、相談に乗っていますから、そのお客様の好みや性格、ご家族のことなど、さまざまな情報をもとに、お客様にあったソリューションを提案することができます。今回も、小林社長のことを第一に考えて動いていた支店長をはじめ新潟信用金庫の方たちがいたからこそ、初対面の私と一緒に案件を進めることについてご納得いただけたのだと思います。

提携仲介契約書の締結

個別相談の場で小林社長にM&A仲介業務の内容についてご納得いただき、日本M&Aセンターとの間で「提携仲介契約書」を締結する手続へと進みました。

「提携仲介契約書」とは、日本M&AセンターがM&Aに向け

た支援を開始するにあたり、対象会社と締結する契約です。この契約書を締結することにより、買手候補先探しをはじめとした本格的なM&A仲介業務をスタートさせることができます。

今回も提携仲介契約書の内容について説明のうえ、ご納得いただき、契約書に押印をいただいたところで、本格的にお相手探しがスタートしました。

対象会社の資料収集・企業評価

買手候補企業に提案する前に、対象会社であるタクシー事業会社と自動車整備会社の両社を適切に企業分析し、対象会社の魅力を確実に伝えられる資料を用意する必要があります。この分析や資料づくりにあたって、対象会社から図表1－1にある資料の提出をお願いしています。今回も、経理を担当している小林社長の奥様や新潟信用金庫の協力のもと、2社分の膨大な資料を提出してもらいました。

会社の概要、保有する不動産、人事に関する情報などどれも重要な資料ですが、財務関係資料に関しては、企業評価に結びつくもののため、特に重要であるといえます。これらの資料に基づいて、対象会社の「譲渡価額の目安」を算定します。これは、M&Aにおいて買収価格の交渉基準になるものです。

当社では、中小企業の価値を表すのに最も適しているといわれている「時価純資産価額＋営業権」の考え方を用いて算定し

図表1-1　必要資料一覧

カテゴリー		必要資料（いずれもコピーで可）
I 概　要	会社概要	□会社案内、製品・サービスのカタログ
		□店舗・事業所の概況
		□定款
		□会社商業登記簿謄本（法務局より最新の履歴事項全部証明書を入手）
		□免許、許認可、届出
		□株主名簿
		□議事録（株主総会、取締役会、経営会議等　添付資料含む）
II 財　務	決算資料	□決算書・期末残高試算表・勘定科目内訳明細3期分
		□法人税・住民税・事業税・消費税申告書3期分
		□固定資産台帳（減価償却台帳）3期分
		□会計ソフトデータ3期分（※参照：データのご提出を推奨しております）
	月次資料	□月次試算表（直近期1年分及び進行期分を「月次」で→着手後も定期的にご提出下さい）
		□資金繰表（実績及び予定）
	時価関係	□支払保険料、租税公課の総勘定元帳3期分
		□生命保険・倒産防止共済の解約返戻金資料（直近期末時点で保険会社等から入手）
		□株式・ゴルフ会員権等の保有状況がわかる資料（取引残高報告書、ゴルフ会員権の写しなど）
		□金融商品・デリバティブの直近期末時点及び最新時価資料（為替予約、スワップ、仕組み債等）
III 事　業	事業内訳	□採算管理資料3期分（部門別・商品（製品）別・取引先別等）
		□売上内訳3期分（部門別・商品（製品）別・取引先別等）
		□仕入内訳3期分（部門別・商品（製品）別・取引先別等）
		□事業計画（今後5期程度の予想売上・利益・設備投資等）
IV 不 動 産	不動産登記簿謄本	□不動産登記簿謄本及び公図（オーナー様から対象会社に賃貸している物件があれば含む）
	固定資産税課税明細	□固定資産税明細書（オーナー様から対象会社に賃貸している物件があれば含む）
	不動産賃貸借契約	□不動産賃貸借契約書
V 人　事	組織、人事規程	□組織図（組織別人員数がわかるもの）
		□主要役員・部門長の経歴書
		□社内規程（特に就業規則、給与・賃金規程、退職金規程、役員退職慰労金規程）
		□中小企業退職金共済「掛金納付状況票・退職金試算票」（直近期末時点）
	従業員データ	□従業員名簿（生年月日・入社年月日・役職・保有資格のわかるもの）
		□給与台帳（直近期末分）
		□賞与台帳（直近1期分）
VI 契　約	契約・認可	□銀行借入金残高一覧（返済予定表、差入担保一覧）
		□金銭消費貸借契約書
		□リース契約書の写し、リース契約一覧
		□取引先との取引基本契約書
		□生産・販売委託契約書
		□連帯保証人明細表
		□株主間協定書
		□その他契約・認可
VII オーナー	インタビューシート	□インタビューシート（弊社指定フォーム）
		□住民票・印鑑証明書

ています。中小企業M&Aの現場でよく使われている方式です。この方式は、時価の純資産価額に加えて、別途収益性を考慮して営業権を算定することによりその合計が中小企業における一般的な企業評価額となるため、この方式によって、企業の財務状態と収益性の両方を反映させた企業評価が可能となります。

　今回も、「時価純資産価額+営業権」を用いて対象会社の企業評価を算定し、「株式価値算定書」を作成のうえ、小林社長にお渡ししました。

対象会社の分析

対象会社の分析が必要な理由

　適切な買手候補企業を探すにあたり、日本M&Aセンターにおいて対象会社の事業内容ならびに業界の状況を詳細に分析します。M&Aによってシナジー効果（相乗効果）の有無は重要であり、そのためには、対象会社の業務プロセスや強み・弱み、属する業界の特徴などを検討することが必要だからです。

　また、事業内容からの分析だけでなく、株主構成や社員構成、社長の家族や親族関係など、さまざまな観点からの分析がこの段階で必要となります。

対象会社の事業および業界分析

　今回の対象会社であるタクシー事業会社の「ハマタクシー」

と自動車整備会社の「松浜自動車」は、地元顧客の売上比率が90％近くにものぼり、地元新潟市の重要な地域インフラとして経営されてきた企業です。

　ハマタクシーは、1966年に設立され、年商は１億2,000万円ほどでした。社員は、乗務員34名、その他管理業務を行う社員が６名ほどの約40人体制で、乗務員は全員第２種免許を保有していました。また、タクシーは23台保有していました。

　新潟市内のタクシー台数は1,500台弱あり、新潟市内におけるタクシー会社は20社ほどあります。平日の昼間を中心に空車が目立つ状況で、タクシー車両は完全に供給過多の状態です。そのため、新潟市ではタクシーの増車規制を行っており、新規でのタクシー許認可が取得できない状況にあるため、同業者でさえもタクシーの増車申請ができません。

　一方、対象会社の周辺地区は高齢化が急速に進みつつあり、新潟市内中心部と比較しても冬場は非常に雪深い地域です。さらに電車やバスなどの公共交通機関の便もあまりよいとは言いがたい状況であることから、今後は高齢者を中心に、タクシー移動の需要増加が見込まれます。新潟に進出したい企業にとっては、絶好のチャンスともいえるM&A案件で、これがハマタクシーの大きな強みともいえます。

　ただ、このハマタクシーの銀行借入れは大きいものではないものの、一部、租税公課の滞納がありました。

　もう１つの対象会社である自動車整備会社の松浜自動車は、

社員5名、年商約5,000万円の会社でした。自動車整備だけでなく、自動車販売の代理店でもありました。自動車整備業にも許認可制度があり、対象会社は「指定工場」という許認可を有していました。「指定工場」は、自動車整備工場の認可の上位ランクでもあったため、この点も強みになると考え、買手候補企業は必ず見つかるものと私は信じて疑いませんでした。

対象会社の家族構成

対象会社の代表取締役である小林社長は、父親から事業を継いだ2代目の社長でした。妻はタクシー事業会社の経理を担当し、一人息子は小林社長が経営する不動産関連会社に勤めていました。

また、小林社長は、父親である先代の時代から信用金庫の地区の総代を務めていました。さらに、信用金庫の地元信友会の会長でもあり、毎年夏に開催される地元の花火大会の実行委員長も務めるほどの、まさに地元のシンボル的な存在ともいえる重鎮でした。そのため、新潟信用金庫の理事長や会長もよく知る、地元にはなくてはならない重要なお客様でもありました。

ノンネーム資料および企業概要書の作成

ノンネーム資料とは

買手候補企業を探す際、最初は譲渡企業の企業名を含む詳細をすべて伝えないことが原則です。買手候補企業が、提案の初

図表1−2　ノンネーム資料の例

||人 日本M&Aセンター

平成 30 年 ● 月 ● 日

厳　秘

譲渡希望企業のご案内
（ノンネームシート）

事 業 内 容　：　タクシー業

所 　在 　地　：　北信越地区

売 　上 　高　：　3 億円以下

従 業 員 数　：　約 40 名

ス キ ー ム　：　全株式の譲渡（100%）

譲 渡 理 由　：　会社後継者の不在、自社の更なる発展のため

特　　　　徴　：　① タクシー保有台数 25 台程度。
　　　　　　　　　② 近年は地元顧客を中心に堅調な売上実績を確保している。
　　　　　　　　　③ グループ会社に自動車整備会社を有する

****

（本情報の取扱について）
本日は、貴社の今後の経営戦略上、相乗効果があると思われる譲渡希望企業に関する情報を提供させて
いただきました。なお、本情報は、貴社を信頼したうえでの情報提供であり、また、譲渡希望企業にとりまして
は、絶対に漏洩されてはならない極秘情報ですので、本情報を第三者にＦＡＸする等により情報が漏れるこ
とがないよう、取扱いには充分ご留意くださいますようお願い申し上げます。 また、万が一上記内容から個別
企業が特定できてしまった場合も、秘密厳守いただきますよう、お願い申し上げます。

期段階からまったく興味を示さなかった場合などには、情報漏えいなどのトラブルが起きるおそれがあるからです。したがって、買手候補企業を探すにあたっては、譲渡企業を特定されないようにしながら買手候補企業の関心の有無を確認する必要があります。そのために利用されるのが「ノンネーム」という資料です。ノンネーム資料で買手候補企業にM&Aの提案をし、自社にとってM&Aの対象になりそうな企業だと納得してもらった後、買手候補企業との間で秘密保持契約書の締結を行い、具体的な交渉に進んでいきます。

企業概要書の作成

　ノンネーム資料での確認、秘密保持契約の締結を経ると、次は企業概要書での提案へと進みます。企業概要書とは、前述の収集した資料や事業分析等をもとに作成する、買手候補企業に譲渡企業の内容を理解してもらうための資料です（詳細はコラム④参照）。

　今回、譲渡予定の対象会社は、タクシー事業会社と自動車整備会社の２社ありました。通常、１社であることが多いのですが、今回は２社分作成しなければならないとあって、対象会社から提出いただいた資料は膨大な数となり、企業概要書の作成には多くの時間を要しました。

案件診断会

　日本M&Aセンターでは、対象会社の担当者が作成した企業概要書や企業評価書に対して、社内のベテランコンサルタントや公認会計士などが、最適な評価がなされているか、適切な表現がなされているかをチェックする「案件診断会」を実施しています。2017年の年明け頃、今回の対象会社2社についても「案件診断会」が行われました。今回の対象会社は前述したとおりの財務状況ですから、その会においても、「公認会計士や信用金庫と積極的な連携をしながら慎重に進めるべき」という声がありました。しかし、前述のとおり、売手企業の強みは非常に大きいものです。この強みを活かしたよい成約がかなう可能性はあると判断し、買手候補先となるお相手探しを進めることとなりました。

買手候補企業探し（マッチング）とトップ面談

買手候補企業探し（マッチング）

　日本M&Aセンターでは、最適な買手候補企業を結びつける300名超のコンサルタントが在籍しています。2017年春、買手候補企業探しを始めてすぐ、タクシー事業会社と自動車整備会社の譲受けを同時に希望する企業が名乗りを上げました。最初に手をあげてくれた候補先は、過去に日本M&Aセンターの仲

介によるM&Aの経験がある大手のタクシー事業の同業者でした。日本M&Aセンターでは過去の数千にのぼる成約リストから対象会社が運営する事業との相乗効果や事業シナジーを詳細に分析し、より最適な候補企業を早期にマッチングする画期的な社内システムが構築されています。今回も、こうした社内システムをうまく活用したマッチング事例です。

トップ面談

早速、この1社目の候補先とトップ面談を実施しました。トップ面談とは、譲渡企業と買手候補企業両社の経営者が顔をあわせ、事業についての質問を繰り返しながら、挨拶も兼ねた話合いを行うものです。多くは、この最初のトップ面談の時にあわせて対象会社の視察も行います。

結局、この1社目とは、譲受けの条件があわず話は進みませんでした。タクシー事業を中心に、若干厳しい財務状況であったため、対象会社にとってかなり厳しい条件を提示されました。1社目が提示したこの条件では、売主である小林社長の資金負担が非常に大きいものと判断し、売手サイドからお断りをしました。

2社目の候補先

引き続き日本M&Aセンターの社内システムを活用し、すぐに2社目の候補先が現れました。2社目の候補先は、東京に本社がある会社であり、最終的にこの会社がタクシー事業と自動車整備事業の両方の譲受けを実施することとなりました。この

2社目の企業の社長である荒川社長は、ワイケーホールディングスという運送業を主体とした複数の会社を経営しており、この会社も過去に何度か日本M&Aセンターの仲介によるM&Aの経験がありました。荒川社長は事業に対するアイデアが非常に豊かな40代の若い社長です。

早速、新潟信用金庫の支店長同席のもと、新潟市内の公民館で小林社長と荒川社長のトップ面談を行いました。あわせて、小林社長の案内による対象会社の現地視察も実施しました。両社は最初から、非常に打ち解けているようすでした。

ワイケーホールディングスの荒川社長は、当初から小林社長の会社に魅力を感じていたようでした。その理由の1つは、新潟にどうしても事業拠点をもちたいという事情にありました。荒川社長が経営する会社は、東京と福島を拠点としています。運送業が主体であり、主な運送品目として接着剤などの原料に使われる化学製品を輸送していました。この化学製品を本州から北海道へ輸送する場合、空路を利用できないことに加え、通行する道路規制によって、人が行き来できる青函トンネルを通過できず、いったん新潟まで製品を運び、船で北海道まで輸送するしか方法がない状況でした。このため、以前から新潟に新しい物流拠点を設立したいという希望が荒川社長にはあったのです。

また、荒川社長は新しい事業の展開を検討していたところでもあり、タクシー事業への進出についても考えていました。物

流とタクシーが融合する新たな事業を検討していたのです。現代の宅配便問題の解消の1つの手段として空車タクシーを活用することや、雪国の高齢社会に対応すべく、荷台の大きいタクシーで車イスを乗せることなど、さまざまな新規事業の可能性を探っていました。

さらに、高齢により第一線を退いたトラックドライバーの雇用の受け皿としても、タクシー事業を保有することはグループにとって非常にプラスになるのではないかと考えていました。大型のトラックの運転となれば、たとえ健康で元気であっても、年齢が高くなるにつれ非常に危険が伴います。一方で、社会的には定年年齢の引き上げが進んでおり、小型自動車であるタクシーの運転手であれば雇用の継続が可能なドライバーも非常に多く、ドライバー不足の問題も解消されます。このように、荒川社長はさまざまなメリットを思いつき、このM&Aによってグループ全体にとっても非常によい相乗効果が生まれるものと考えました。

条件交渉

荒川社長に前向きに検討してもらえることになり、譲渡価額や社員の処遇など、大まかな条件を交渉していく段階へと進みました。しかし、厳しい財務状況を前提とした交渉となったため、この条件交渉には4カ月を要しました。この間、買手候補

企業からは何度も質問を受け、トップ面談もさらに複数回実施することになりました。

　通常、条件交渉では、具体的に下記のような内容について検討していきます。

---

① 　M&Aの方法（株式譲渡、事業譲渡、会社分割など）

② 　買収価格（株価、退職金など総額の決定）

③ 　対象会社の社員の処遇（役員や社員の引継ぎ条件）

④ 　対象会社の社長の処遇（会長や顧問として残るかなど）

⑤ 　全体のスケジュール

⑥ 　その他、M&Aに付随する条件（不動産の売買契約・不動産の賃貸借契約など）

　たとえば、今回の事例では、「①M&Aの方法」については「株式譲渡」を選択しました。さらに負債はすべて買手候補企業のほうで引き受けることとなりました。また、「③社員の処遇」は現状と変わらないようにすることで社員に不安を抱かせないよう配慮することとし、「④社長の処遇」については、小林社長は当面の間、対象会社の会長としてそのまま残ることとしました。会長として残ることで、より社員を安心させることができると考えての対応です。

2017年9月、対象会社と買手候補企業の間で「基本合意契約書」を締結しました。

「基本合意契約書」には、下記のような内容が記載されています。

・M&Aに関する主な条件（金額面を含む）

・M&Aの契約予定日・契約や資金決済までのスケジュール

・買収監査に関する事項

・独占交渉権

・有効期限

・法的拘束力の及ぶ範囲

この段階で、「独占交渉権」が発生します。一定の期間この基本合意契約を結んだ相手としか、M&Aに関する交渉を行ってはなりません。なお今回、対象会社が2社あったため、基本合意契約書や契約手続などの書類は2社分作成する必要があり、通常の倍近くの労力を要しました。

今回、条件調整に期間を要したものの、基本合意契約書の締結までは比較的スムーズに進めることができました。しかし、細かな点について調整を始めたところで、想定外のことが発覚したのです。

想定外の事象

　2017年10月、租税公課延滞の件について具体的な対応を直接確認するため、小林社長同伴のもと、管轄する役所を訪問しました。ここで、当初認識していた延滞金の金額がさらに膨れ上がることがわかったのです。また、延滞金はタクシー事業会社にのみ発生していると思っていたところ、少額ではあるものの、自動車整備会社のほうにも同様の延滞金が発生していることが判明しました。

　追加の延滞金が発見されたことにより、負債の全額を一度に荒川社長に引き受けてもらうことは避けたいため、役所に対して延滞分の減額や分割払いの方法などを検討してもらいましたが、役所の対応としてはむずかしいとのことでした。この時、われわれを含む関係者全員が、もう本件の成約は無理かもしれないと覚悟をしました。

　すぐに買手候補企業の荒川社長に連絡をしました。事情を説明のうえ、荒川社長に対して諦めず粘り強く説得を続けました。結果、荒川社長の本件の譲受けにかける熱意は相当なものがあったため、追加の負債もすべて引き受けるといってくれたのです。かわりに、小林社長が個人で保有していた対象会社に関連する不動産の一部を提供してもらうことで、最終的な条件が整いました。

　これにより、小林社長が所有する不動産の売買が発生するこ

とになり、急きょ、司法書士や不動産鑑定士を交え、譲受けを進めていくこととなりました。なお、急きょ手続をお願いすることとなった司法書士や不動産鑑定士は、新潟信用金庫から日頃お付合いのある地元の専門家を紹介してもらいました。

買収監査（デューデリジェンス）

　2017年11月、買手による買収監査へと進みました。買収監査とは、買手候補企業の税理士・会計士・弁護士等が、対象会社を訪問し、買収対象会社の財務内容等について正確性などを確認する調査のことです。買手にとって、リスクヘッジとなる大変重要な工程といえます。対象会社の経理を担当している小林社長の奥様を中心に、膨大な準備書類を整えてもらいました。

　調査や案件の遂行にあたっては、調査の一部を地元新潟の専門家に担当してもらうことを提案しました。新潟信用金庫の本部担当者に適任の専門家を紹介してもらい、買収監査を実施することとなりました。各種専門家をすべて東京から派遣すると、交通費や宿泊費などの多額の費用が発生することと、買収監査に関する実務ノウハウを地元に根づかせたかったことによるものです。

　買収監査に関する事前の打合せを入念に実施し、最初は手探りの状況ではありましたが、新潟信用金庫の協力により、よいチームワークを構築することができたため、滞りなく買収監査

の当日を迎えることができました。買収監査を行う専門家の皆さんにも「大変よい経験となった」と非常に喜んでもらえました。これからの地域経済のあり方をみた非常に意義のある取組みであったと思います。

　買収監査では、対象会社の法務面に関する調査を担当した弁護士から対象会社の事業に関する質問や指摘が数多くあり、法務の監査を中心に、のべ2週間程度を要しました。

　今回、日本M&Aセンターの担当者は私だけでなく、信用金庫からの出向者とともに担当していました。彼らが延滞金納付などの実務手続に非常に長けていたので、本当に助かりました。各種登記に必要な書類の確認も、事前に事細かに実施することができ、本事例の最終局面は非常にスムーズに進めることができました。

最終契約・調印式・資金決済

最終契約書の締結

　対象会社の不動産の売買や登記に関する一連の準備手続が完了し、2017年12月に株式譲渡契約書（最終契約書）の締結を迎えることとなりました。

　ここで、買手企業の荒川社長から粋なはからいがありました。通常、株式譲渡契約書を個別に持回りで押印する場合、売手である譲渡企業のほうから最終契約書の押印をするのが通常

です。しかし、今回の契約書では、買手企業の荒川社長のほう
から押印をしてくれたのです。これは、新婚であった小林社長
の息子夫妻を含め、家族で安心してゆっくり正月を迎えてほし
いという思いが荒川社長にあり、最終契約書の締結は必ず年内
にすませようと、荒川社長から先に押印をしてくれたのでし
た。荒川社長のこの対応には、売手の小林社長も万感の思い
だったようです。

調 印 式

　今回は、締結後にセレモニーとして別途調印式を行うことに
しました。年が明けて、租税公課の延滞金の納付に関する事前
調整や両社によるM&Aに付随する各種契約書の調整、信用金
庫内部の各種手続も完了し、いよいよ調印式を迎えることとな
りました。日本M&Aセンターでは、調印式を企業同士の結婚
式ととらえ、両社がともに発展していけるよう、門出を祝う演
出をします。

　今回の調印式は、新潟信用金庫にとって初めてのM&Aの成
約であったため、信用金庫本店の役員会議室で開催し、調印式
には理事長・会長以下多数の役員にご出席いただきました。信
用金庫の役員の皆さんは支店長として小林社長を担当した経験
があり、小林社長のことを以前からよくご存じだったのです。
長年にわたってお世話になった地元の名門取引先の門出を盛大
に祝いたいという、信用金庫らしいファミリー感あふれる絆の
強さがありました。今回は新聞社からの取材もあり、より盛大

な調印式となりました。

調印式の最後には、長年小林社長を支えてきた奥様からサプライズで、お手紙の披露がありました。会社の社長、地域の顔といえる存在、信用金庫の総代など、多くの看板を背負ってきた小林社長も調印式の最後は涙ぐんでいらっしゃいました。

デリバリー・決済

今回は調印式当日に、株価代金・土地の売買代金などの各種資金決済手続を行いました。今回のような株式譲渡のケースの場合、下記のような手続を行います。

- ・譲渡代金（株式代金など）の受領
- ・株券または株主名簿の授受
- ・代表取締役の交代
- ・役員退職金の支払
- ・連帯保証、担保の解除（通常は後日の手続となる）
- ・重要物品の授受（会社の印鑑類、手形帳、通帳、役員の辞任届など）
- ・登記手続に関する各種資料

また、今回は租税公課の延滞金の納付手続を同日に行う必要がありました。関係書類の整理とそれに伴う納付手続工程が多い作業であったため、信用金庫の支店の手続は大変でしたが、支店長以下皆さんに懸命に対応していただき、滞りなく納付の

手続を完了しました。

ディスクロージャー（社員や取引先への開示）

　信用金庫本店での調印式終了後、両社長とわれわれを中心とする関係者全員が対象会社の本社を訪問し、対象会社の社員に対して本件M&Aを開示することとしました。開示にあたっては、小林社長が「社員交流会」という名目で事前に、幹部社員、タクシーのドライバーである社員全員に対して、時間と場所を案内していました。

　これまで、本案件は、周囲に情報がもれないように対象会社の関係者のごく一部で進めてきました。M&Aの実施を社員に安心して受け入れてもらうためには、入念なシナリオを書く必要があります。会社が突然M&Aを実施したと発表すると、社員は不安が先行し、動揺してしまいます。単純に発表するだけではなく、このようなさまざまな面に配慮する必要があるのです。

　たとえば、役員・幹部社員と一般社員は別々にわけて報告をすることが望ましいといえます。対象会社の社長にとって、このような発表は初めての経験である場合が多いので、こういった幹部社員への配慮や従業員への発表のタイミングや話す順番や話し方などについては、フォローがないとむずかしいところがあります。そのため、社員発表にあたっては、事前に入念な

打合せをしています。

　今回も対象会社の幹部社員への発表を先に行うようアドバイスしました。最初に、小林社長より、これまでの経緯について話してもらいました。いつもお世話になっている新潟信用金庫に相談を持ちかけたこと、明日以降については、荒川新社長が代表取締役に就任し小林社長は会長として引き続き会社に残ること、給与をはじめとする基本的な勤務条件などはいっさい変わらないということなどを丁寧に説明してもらいました。次に、買手である荒川社長より、「ワイケーホールディングスと資本提携をすることになりました。明日からもこれまでと同様に全力で一緒にやっていきましょう」という言葉をかけてもらいました。社員全員から非常に心強いと思ってもらえたようです。ワイケーホールディングスの役員も同席し、両社の役員ともよい雰囲気で社員への開示を終えることができました。

本事例からの学び—信用金庫の役割

公共性の高い意義のあるM&A、重要な地域インフラの存続

　今回、新潟という地元地域の特性をふまえた非常に相乗効果の高いマッチングが実現しました。新潟は雪深い地域であり、なかでも今回の対象会社の周辺地区は地域住民の高齢化が大変進んでいる地域です。地域の住民、特に地域の高齢者にとっては、「命のよりどころ」ともいうべき重要なインフラであり、

交通手段となっているタクシー事業がなくなることはこの地域にとって死活問題です。地元信用金庫と協力してタクシー事業を存続させたということは、公共性に資する、非常に意義のあるM&Aであったと思います。

われわれにとっても、これからも全国各地域の信用金庫と連携しながら地域の実情に適切な配慮をし、企業の存続と発展に貢献していきたいとあらためて思った事例でした。

会社の後継者の有無を見た目で判断してはいけない

今回の対象会社の社長である小林社長には長男がいました。長男がいたとしても、すべての事業を引き継ぐとは限らないということです。できるだけ早い段階で後継者である子どもの意向を確認し、会社あるいはグループ全体の事業承継について、早い段階から一緒に検討していくことが大切です。代表者やそのご家族が気力も体力も充実している元気なうちに、会社の事業承継の方向性だけでも、信用金庫が一緒になって確認するのがよいでしょう。

信用金庫らしい家族的な付合い

今回、対象会社の社長ご家族と信用金庫の現役員とは先代の時代から30年以上の長きにわたるお付合いがあるという関係でした。対象会社と家族のようなよいお付合いができることは、信用金庫にとっての強みの１つです。このような信頼関係の土台があるからこそ、最終契約書や登記関係の煩雑で膨大な書類の作成、その後の資金決済手続を乗り越えることができたので

はないかと思います。さらに、小林社長は地元では非常に名の通った方であったため、秘密保持には十分に気を使わなければなりませんでした。このような状況に配慮しながら本事例を進められたのは、役員も含む信用金庫全体の全面的なバックアップと惜しみない協力があったからこそです。

信用金庫として初めてのM&A案件

今回、新潟信用金庫としては初めてのM&A案件でした。対象会社は既存の融資取引先であったため、本事例の交渉過程やその後のスケジュールなどに関し、私から信用金庫の役員にこまめに報告を行いました。本部担当者・支店長と全面的に連携し、すべて書面で報告することで、役員は状況を適時把握することができ、信用金庫内部の各種手続も比較的スムーズに進めることができました。

地域にM&Aを根づかせる

今回の買収監査にあたっては、信用金庫からの紹介で地域の専門家が担当しました。地域の中小企業のなかには、後継者の問題に直面し、経営体力があったとしても、廃業を余儀なくされる企業も少なくありません。

地方創生の観点からも、全国の各地域でM&Aの情報インフラとM&Aの実務の経験者、さらにはM&Aを推進できる優秀な専門人材を地域に根づかせていくことが、今後の地域経済にとっても非常に重要ではないかと考えます。全国の信用金庫が主導し、地域の企業の存続と発展に積極的に貢献できる各種専

門人材のネットワーク＝しんきんファミリーをさらに拡充していきたいと思います。

従業員の雇用の存続が最優先

最も大切なことは従業員の雇用の存続です。たとえ小規模事業者で従業員がわずか数人しかいなかったとしても、その従業員にも大切なご家族がいらっしゃいます。信用金庫のお客様の中心である地域の中小企業は、社員はもちろんそのご家族全員の生活を背負っており、そのような企業が信用金庫の地元の地域経済を構成しているといえます。

もし、信用金庫の取引先の中小企業が後継者不在により廃業の危機を迎え、そこに勤める従業員が今後の生活に不安を抱けば、その会社を退職してしまうことも十分に考えられます。あるいは新たな職を求めて大都市圏に転居してしまうかもしれません。地域の会社を支えている従業員の雇用の存続は、信用金庫にとっても本当に大切なことです。従業員に対して「M&A後もこの会社で働きつづけたい」と感じてもらわなければなりません。信用金庫のお客様が日本の地域経済の中枢を構成していることを忘れてはなりません。

本事例が取り上げられた新聞記事

新潟信金

M&A支援第1号を実現

タクシーに小口運送 融合

【新潟】新潟信用金庫（新潟市、小松茂樹理事長）は2月5日、日本M&Aセンターと共同でM&A（合併・買収）支援の第1号案

タクシー業界に挑戦する荒川社長（左）に事業を託す小林社長（2月5日、新潟信金）

件を実現した。契約し たのは、同信金取引先 のハマタクシー（同市、 小林信太郎社長）及び 整備の松浜自動車を設 立した。しかし、バブ ル崩壊後、県内タクシ ー業界は衰退。登録車 台数に制限がかかるな ど取引先の紹介と並行 して日本M&Aセンタ ーにもつないだ。その 結果、ワイケーホール ディングスが浮上。17 年夏から面談を重ね、 現地のヒト・モノ・カ ネを活用し地域活性化 を目指す同社の考えに 賭けた。

小浜信太郎社長）及び 物流事業を展開するワ イケーホールディング ス（東京都、荒川幸司 社長）。同信金とは先代社 長から50年以上の取引 がある。1960年代 にハマタクシーと車両 整備の松浜自動車を設 金に相談した。同信金 の取引先支援部は選択 肢の一つとしてM&A など新たな手を打って ず、経営は徐々に悪化 していった。

小林社長は新潟市松 浜地域で不動産業を兼 営。同信金トと先代社長から「後継者 に負債が継がせたくな い」との思いを新潟信

事業を引き継ぐのに 約8千万円を投じた荒 川社長は地方タクシー に勝機をみる。「タク シーを走らせながらお 客を探す"流し"に物 流を組み合わせると、 発生しない時間に、同 客が得られる小口運 送を組み合わせること で、時間当たりの売り 上げを高める地方都市 初の取り組みに挑戦す る。

2月5日の調印式で

小林社長は「後継者 次世代につなぐ事業承 継は地方創生の一環。 M&Aが終わりではな く、両社長をこれから も支援していく」と意 気込みを語った。

小松理事長は「企業を

（出所）　2018年2月16日付ニッキン

承継は商機 地域金融動く

低金利下の慈雨

北陸地方が豪雪に見舞われた2月上旬。しんしんと雪が降り積もるなか、新潟市内で50年以上続く老舗タクシー会社のハマタクシーが、都内で運送業を営むイケーホールディングス（東京・千代田）に会社を譲渡した。

「これからのことを考え

地方ほど深刻

ませんか」。きっかけは約1年前、創業時からメインの新潟信用金庫（新潟市）の担当者がハマタクシーの小林信太郎社長（66）を訪問したことだ。先代から会社を引き継いだ小林社長は胸を撫で下ろす。

ハマタクシーの会社譲渡は新潟信金が仲介（調印式に臨んだ小林社長）

社を引き継いだ後、中小・中小企業の街周の衰退で売り上げが減り、高齢者が移動の足として親しまれてきたが、2億円近く債務超過だったが、M&A（合併・買収）仲介の第1号案件だ。「増え料の収益を大きく上回る。マイナス金利という逆風が吹き始めた地域金融機関が得る手数料は、企業向け貸し出しや個人向けの投資信託などの販売手数料に支えられ。これまでに98地銀・信金を黒字として支える会社は他社より多い。

県内大手の第四銀行と北越銀行が統合を決め、地域金融機関が激変するなか、小松茂樹理事長は次の案件を見据える。

人口減少が進む地方ほど廃業の増加はより深刻な問題に。雇用や消費も減り、地域経済の弱体化に直結する。地域金融機関にとって取引先の先細りは死活問題になる。

12月、明治時代から続く酒造「秋田晴」などを全国展開する外食チェーン。2月には日本政策投資銀行とのファンドも秋田銀行の少数精鋭に悩む蔵元との役割が当たり、自らの存在が問われるのが大廃業時代だ。

ノウハウ伝授

ただ見方を変えれば、大廃業時代の入り口となる企業承継や継承は、事業承継を検討する企業同士を検索できる新サービスを始めた。「外部の人材への事業承継という選択肢が当たり前になるよう心理的な障壁を下げていきたい」。南du二郎社長は話す。

地銀・信金を黒字として支えるのがM&Aセンター。これまでに98地銀・信金と提携、中小企業の経営者は多い。地銀や商工会議所が開く事業承継セミナーでは、知り合いがいない遠方など知らない相手とさんざん迷うなか、経営者にとっての最後の一歩踏み込んで信頼を得る。地域金融機関にとって自らの存在が問われるのが大廃業時代だ。

（出所）　2018年3月1日付日本経済新聞朝刊

　本書で紹介しているすべての事例は、それぞれの信用金庫がお客様から会社の後継者に関するご相談を受けたり、支店長を中心とする営業店の職員が取引先企業の後継者不在の情報をキャッチしたりしたことをきっかけにスタートしています。「会社に後継者がいない」という相談をお客様ご自身から持ちかけられるケースは、債権者の立場でもある信用金庫にとっては非常にまれであるといえます。

　お客様自ら会社の事業承継問題の相談をしたいとお話があった場合、外部へはもちろん営業店内部であっても、秘密保持には最大限に留意しながら丁寧な対応を行う必要があります。事業承継問題の相談における多くのケースは会社の後継者がいないという理由です。しかしそれだけではなく、M&Aをきっかけにして、事業のさらなる成長を望まれるお客様も少なくありません。まずは、お客様がM&Aを考えた目的を明確にし、実現するゴールを共有することが大切になります。

　信用金庫の営業店の方が、「このお客様の会社には後継者がいないのでは」と気がつくことをきっかけに事業承継の取組みがスタートすることも多くあります。

　このような気づきは、お客様との普段の会話のなかに隠れているものです。特にお客様から発せられるご家族の話には、より多くのヒントがあります。たとえば、「息子が医学部に進学した」といっていたら、息子さんは会社の事業を継がず、医者として人生を歩む可能性が非常に高く、後継者不在の問題につながるのではないかと推測できます。日頃からのコミュニケー

ションを通じてお客様のニーズの糸口を感じるためには、取引先企業に対する先入観や思い込みは禁物です。長男がいるから後継者問題は大丈夫である、といった先入観をもってしまえば、このような取引先企業からの信号をキャッチすることはできません。

　しかし信号をキャッチしたからといって、お客様に対して会社の後継者問題についてわざわざアポイントメントをとったり、必要以上に深いヒアリングを実施したりすることは避けるべきです。なぜなら、事業承継問題は、家族間のデリケートな問題に触れる事象が非常に多く、信用金庫の取引先社長にとっては、自分からあまり積極的に開示したり話をしたくない内容であることが多いからです。

　このような場合、「簡易企業評価サービス」（コラム②参照）の提案が非常に有効です。この簡易企業評価サービスの提案をきっかけに、M&Aの支援をスタートさせたケースも多くあります（第6章参照）。

　営業店がこうした信号をキャッチした場合、信用金庫内で情報を連携・共有できるかどうかが非常に大きなポイントになります。本書の事例には、信用金庫内の連携がよかったことからお客様の潜在的なニーズに気づき、成約につながった事例がたくさんあります。逆に信用金庫内の営業店から本部への連携がなされず、取引先企業の情報ニーズが営業店で埋もれてしまえば、事業承継問題に適切な対応がなされたとはいえず、取引先企業にも大変な迷惑をかけてしまいます。また、信用金庫ではなく、他の金融機関や証券会社などがこのようなニーズに対して適切な対応を行ったことにより、融資取引を含むすべての取引が他の金融機関へ移ってしまうといったケースも少なくあり

ません。

　営業店でお客様からご相談を受け、すぐに担当本部と連携し、さらに外部の専門家と連携することによって、本格的に相談へと進むこととなります。より詳細な内容をお客様から伺い、M&Aの手順を説明し、ご納得いただけた場合は、提携仲介契約書を締結します。この提携仲介契約書を締結することによって、本格的に事例がスタートすることとなります。

親族に後継者候補がいる 会社のM&A
（三島信用金庫）

本事例の概要

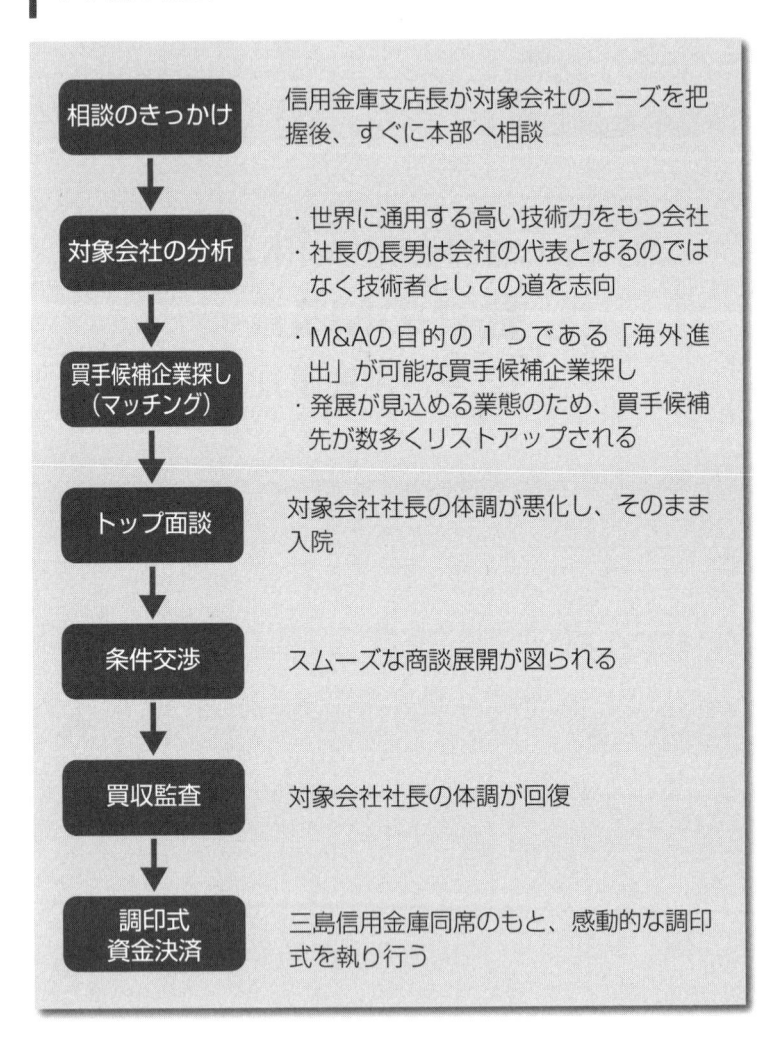

相談のきっかけ	信用金庫支店長が対象会社のニーズを把握後、すぐに本部へ相談
対象会社の分析	・世界に通用する高い技術力をもつ会社 ・社長の長男は会社の代表となるのではなく技術者としての道を志向
買手候補企業探し（マッチング）	・M&Aの目的の1つである「海外進出」が可能な買手候補企業探し ・発展が見込める業態のため、買手候補先が数多くリストアップされる
トップ面談	対象会社社長の体調が悪化し、そのまま入院
条件交渉	スムーズな商談展開が図られる
買収監査	対象会社社長の体調が回復
調印式 資金決済	三島信用金庫同席のもと、感動的な調印式を執り行う

対象会社の基本情報

［川井精工株式会社 （仮称）］

創 業・設 立	2008年設立
資 本 金	6,900万円
株 主	社長親族100%
代 表 者	代表取締役川井社長 （仮名、70歳）
事 業 内 容	工作機械の製造・販売、工作機械加工
直 近 売 上 高	約 2 億円
主 要 販 売 先	自動車部品製造会社・医療機器部品製造会社
従 業 員 数	常勤役員 2 名、正社員10名
関 連 会 社	なし

譲 渡 理 由	後継者不在、自社のさらなる発展のため
譲渡スキーム	発行済全株式の譲渡

親族・関係者

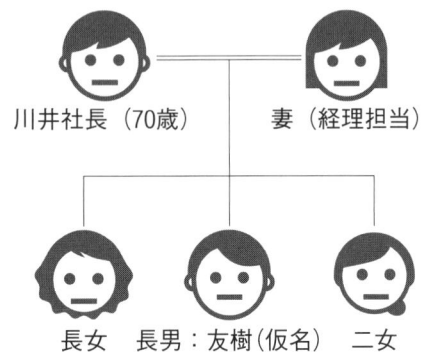

川井社長（70歳）　　妻（経理担当）

長女　長男：友樹(仮名)　二女
長男は会社の技術部長

本事例のスケジュール

日　程	手　続
2014年8月上旬	対象会社の簡易企業評価を実施
2014年10月8日	提携仲介契約書を締結
2015年1月上旬	トップ面談
2015年2月14日	対象会社の川井社長の体調が悪化、そのまま入院
2015年3月	基本合意契約書の締結（日本M&Aセンター本社にて）
2015年4月11〜13日	川井精工本社にて買収監査を実施
2015年6月24日	株式譲渡契約書を締結（日本M&Aセンター本社にて）
2015年6月31日	資金決済・デリバリー

この事例は秘密保持に配慮し、一部加工・修正して掲載しております。

相談のきっかけ

　三島信用金庫との共同事例である今回の対象会社は、業界においても非常に技術力の高い会社です。相談を受けた当時、すでに代表者の長男が対象会社の技術部長として要職を担っており、代表者の右腕となって経営のサポートをしていました。「親族に後継者候補がいる会社」のM&A実施事例であり、後継者候補がいるのに、なぜ後継者不在を理由にM&Aを実施したのかという点が今回のポイントです。

　対象会社である川井精工は、国内最高水準の高精度な工作機械を製造・販売する会社で、工作機械加工も手掛けています。現在は主に自動車部品の製造に活用されていますが、今後は医療機器などの分野でも需要が見込まれています。三島信用金庫の原沢支店長（仮名）が、川井精工の川井社長（70歳）から相談をもちかけられたのは2014年の夏でした。川井社長は、会社の後継者がいないため、従業員の雇用の維持と会社のさらなる発展のために会社を譲渡したいという旨を話されました。

　当時、原沢支店長はこの川井社長からの突然の相談を不思議に思いましたが、実のところ川井社長の体調が最近あまり芳しくないことを普段のやりとりから感じてはいました。しかしな

がら、川井精工の場合は、技術部長で川井社長の長男である友樹氏が、社長をしっかりとサポートされています。原沢支店長は、この対象会社が後継者不在であるなどありえないと当初は考えていました。特にこの友樹氏は非常に優秀な方で、一流大学を卒業後、技術者兼プログラマーとして県内の有力企業で社会人としての一通りの経験をした後に、川井精工に着任し、実質的な川井社長の右腕として社内外から非常に評判の高い人物であったからです。また、社長の長男ということに加え、その人望と人柄もよく、社内外からは一目置かれ、何より社員からの信頼が大変厚い方でした。

この相談を三島信用金庫から受けた際、私も原沢支店長と同じ疑問を抱きました。川井社長の長男である友樹氏は本当に優秀な技術者で、機械を次々と改良して進化させているという実績を聞いており、実際、対象会社を訪問した際に聞いた友樹氏による加工技術に関する説明や会社の事業展開の説明は、非常に理解しやすく、友樹氏の人あたりのよさが際立っていると感じたからです。

友樹氏の高い開発力と技術力、金属加工全般に関する知見とノウハウを活かし、友樹氏はもちろん川井社長を慕う優秀な若手のエンジニアがチームとなって、新しい技術開発を追い求める専門集団が社内でも結成されていました。一見すれば、だれがどうみても友樹氏は立派な後継者であり、私はいまでもそう思っています。

もちろん最初に、川井社長から「会社を譲渡したい」との相談を受けた原沢支店長は、「御社には高い技術力があり、友樹氏が後継者であればこの会社の将来も安泰です。川井社長が会長職となって、友樹氏が代表取締役社長として会社を存続されてはいかがですか」と何度もお伝えはしたそうです。しかし、川井社長ご本人のお考えとしては、「友樹は、技術者としては確かに非常に優秀ではあるが、経営の全般を考えた営業戦略の立案、加えて対象会社をさらに大きくするというような経営の全体や具体的な戦術を考えることにあまり興味がなく、あくまでもモノづくりのプロであり、金属加工の技術者で、社長業はまったく別ものである」と考えておられました。友樹氏自身もその思いは川井社長とまったく同じであり、「会社の代表者になることに自分はあまり興味がない」という考えでした。また、友樹氏には、あくまでも技術者としての道を極めていきたいという強い意向がありました。

　川井精工の今後の経営方針や次期社長など経営全般については、川井社長と長男の友樹氏との間で何度も話をされたそうです。友樹氏は経営全般には興味が薄いものの、川井精工を存続させて川井精工が有する金属加工技術を世間に広め続けていきたい、との明確な意思がありました。私が三島信用金庫の本部担当者と原沢支店長と一緒に川井社長と友樹氏にお会いした際にも、ご本人からそのような意向を聞きました。

　また、原沢支店長としては、川井精工の事業承継問題をその

まま放っておくわけにはいかないということもありましたが、それ以上に川井社長の体調がとても気がかりだったため、早めに静岡に来るよう急ぎの連絡がありました。すぐに三島信用金庫の本部担当者と原沢支店長と私の３人で川井社長を訪問しました。そこで、川井社長、奥様、友樹氏と６人で面談し、川井社長から、やはり自身の体調面が心配であること、自社の高い技術力と若い優秀な社員が一致団結をしてさらに会社を大きくしてほしいという思いを確認し、三島信用金庫と共同でM＆Aのお相手探しをしていこうとの判断になりました。

　川井社長のこの判断をもって、日本M＆Aセンターとの間で提携仲介契約書を締結し、三島信用金庫と共同して川井精工に関する企業概要書を作成のうえ、買手候補企業を探していくことになりました。

M&Aの目的

　今回のM＆Aの背景は、川井社長自身の体調が思わしくなく経営の継続がむずかしいこと、そして後継者候補と見ていた長男の友樹氏は技術者としては長けているが経営を担うことを本人も望んではいないため、後継者不在となったというのが主な理由です。

　しかし、川井社長が経営者として考えていた本来のM＆Aの目的は、もっと別のところにありました。それは成長戦略とし

てのM&Aです。川井社長は後継者の有無の以前に、いくら自社に技術力や加工機械があっても、その技術を広く世間に知ってもらい、しっかりとした経営を行わなければ、会社が生き残ることさえむずかしいと感じていました。そして何よりも、川井社長には川井精工がもつ金属加工に関する技術力の高さは国内最高水準という自信があり、絶対に他社には真似ができないとも考えていました。そして、「自社の技術力と長男友樹を中心とする若く優秀なエンジニア集団は絶対に世界にも通用するはずであり、海外進出を考えるべきである」という明確な考えがありました。だからこそ、川井社長はM&Aという手法を活用して、できれば大手資本とタッグを組み、その資本力を活用して、次世代では世界に羽ばたきたい、と考えていたのです。「この加工技術をさらに高め、大きく量産できる体制と人材も

図表2-1　事業承継の定義

「狭義の事業承継」…（従来の事業承継）
主として65歳以上の経営者が事業を継続・発展させていくために、次世代へスムーズに承継するための「経営承継」と「財産承継」をいう

「広義の事業承継」
事業を承継・発展させていくために経営を承継すること

「事業の承継・発展のための成長戦略としての事業承継」
経営者が事業を継続・発展させていくための経営・資本戦略としての「経営承継」をいう

積極的に育成し、さらに加工機械もたくさん製作していきたい」「電気自動車・航空分野・医療分野といった最先端分野にも積極的に自社の技術と製品をたくさん提供していきたい」というのが川井社長の夢でした。

　川井社長は、その夢を何度も繰り返し友樹氏と話したそうです。会社がより前向きに発展するM&Aを検討するべきだと、その大きな夢を語る川井社長の目が私には非常に印象的でした。

対象会社の分析

　川井精工には、スペシャリストがそろっています。現状は自動車部品向けへの納入が比較的多いのですが、この技術の今後の活用が大きく期待されるのが医療分野です。特に今後、胃カメラを中心とする臓器カメラはさらに管が細く小型化していくといわれており、技術的な応用が大きく期待されています。また、飛行機のさらなる軽量化、そして今後ますます成長が見込まれる電気自動車分野に対しても川井精工の加工技術が必要になってくるといわれています。

　このような自社技術の将来性の高さを川井社長は非常に感じており、川井精工の技術をもってすれば大きく世界にも羽ばたけるという思いを持ち続けてきました。そしてそのお話は常日頃から友樹氏にも三島信用金庫の原沢支店長にもされていまし

た。

　川井精工は、この国内最高水準の優れた技術を、国内の数多くの展示会などでも紹介していました。出展ブースをたくさんの人が取り囲み、その光景は、加工技術に興味をもつ企業や国内の有力なバイヤーからの感心が非常に高いことを物語っていました。川井社長も最近は本当に忙しくて納期がぎりぎりとなってしまう、新規の取引先からも受注の引き合いや新規の見積書の提出依頼もたくさんくるといっていました。そして安易な妥協や値引きはいっさい行わず、しっかりと受注金額を交渉しているとのことでした。

　代表者の川井社長は70歳であり、川井精工のキーパーソンは、川井社長、奥様、長男の友樹氏です。奥様は経理担当の責任者をされていました。また、川井社長ご夫妻には技術部長である友樹氏以外に娘が2人おり、どちらも県内の別の企業で働いています。川井社長は、技術者としてモノをつくるだけではなく、非常に斬新なアイデアと新しい発想をたくさんもった方です。人柄や人望も申し分なく、三島信用金庫と訪問した際にもいつも自らの大きなビジョンや考えを語っていただき、経営者としてのカリスマ性も有していました。

本事例のスキーム

事業承継の方法の検討

　中堅・中小企業が会社を存続させる方法は、大きく3つしかありません。1つ目は「親族に任せる」。2つ目は「親族以外の社員に任せる」。3つ目は「第三者に任せる」、つまりこれがM&Aです。株式を上場するという選択肢もあるのですが、年商1億～2億円規模の中小企業で株式を上場するのは、一般的には非常にむずかしいでしょう。そのため中小企業における事業承継の選択肢は現実的にはこの3つしか方法がありません。

図表2-2　中小企業における主な事業承継の方法

(1)　親族内承継	
○関係者から心情的に受け入れられやすく、相続等により株式等を移転できる	×親族内に経営者に適切な後継者候補がいるとは限らない
(2)　親族外承継（従業員等への承継）	
○従業員に承継する場合、経営の一体性を保ちやすい	×社内に適任者がいるとは限らず、後継者候補がいた場合でも株式取得の資金力がない場合がある
(3)　M&A（第三者への承継）	
○広く後継者を求めることが可能なため、会社のさらなる発展に資することが可能である	×自ら買手を探すことは困難

図表2-3　株式譲渡のスキーム

[**株式譲渡前**]

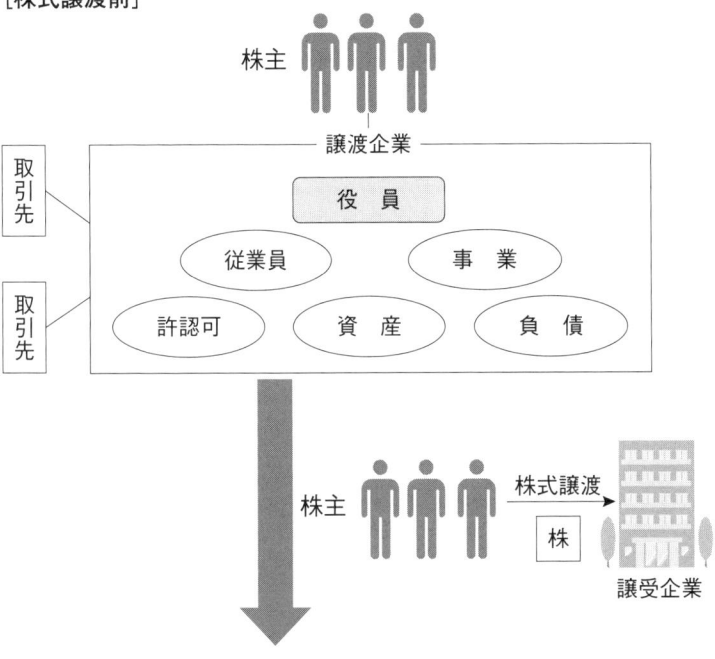

[**株式譲渡後**]

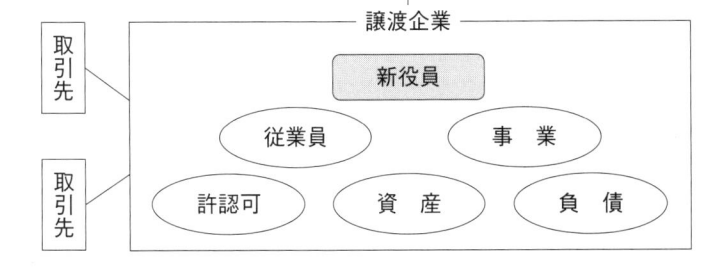

川井社長ご夫妻からすれば、最初は実の息子であり、会社に大きな貢献をしてくれている友樹氏に継がせたいという思いがあったと思います。しかし、それは友樹氏も望んでいることではありませんでした。加えて自身は体調が悪い状況です。そのため川井社長は、対象会社の発行済全株式を第三者企業に譲渡するかたちである「M&A」を選択したのです。

　また、川井精工そのものを引き継いでもらいたいため、発行済株式をすべて譲渡する「株式譲渡」のかたちで、M&Aを実施することとしました。

買手候補企業探し（マッチング）

世界進出を望める相手

　繰り返しになりますが、川井社長には、自社の技術力は世界でも十分に戦えるという自信がありました。だからこそ、海外進出も可能な資金力、あるいは海外に対する営業力を望まれており、川井精工が県内の一企業にとどまるのではなく、より大きいグローバルな視点で買手候補先企業を探したいとの意向がありました。自社の技術を総合的な金属加工業の１つとしてより大きくとらえてほしいという川井社長の強い想いを感じました。

買手候補企業のリストアップ

　三島信用金庫と積極的に連携し、買手候補先を探し始めたと

ころ、非常に技術力の高い会社であったため、50〜60社程度の候補企業をリストアップすることができました。1社1社、川井社長にみていただき、「ここは非常におもしろい」「ここはあまりおもしろくない」といったような感じで、率直な意見をいただきました。

　川井社長の意向を確認しながら、当面のターゲットとして数社に絞り、買手候補先と秘密保持契約書を締結した後、企業概要書の提案を行っていきました。そのなかで、神奈川県に本社のある年商約70億円の株式会社ハマレック（仮称）という会社が高い関心を示されました。この会社が、最終的に買手企業となった会社です。

　お相手であるハマレック社は、日本M＆Aセンター仲介で過去に2社、企業の譲受けを実施しています。ハマレック社はもともと海外向けを含む自動車部品製造業を主要販売先として、主に自動車部品の製造を行っている会社です。ただ、自動車業界は、電気自動車や水素自動車導入後の将来が非常にみえづらい、やや不透明な業界でもあります。ハマレック社の社長は、これまでの自動車業界専業から他の業界への進出も模索しながら、より多くの製品分野にシフトしていきたいというお考えをもっていました。「脱自動車業界専業」を検討していた矢先に、日本M＆Aセンターの担当者から、川井精工の紹介を受けたため、ハマレック社社長も提案された当初から、非常に前向きでした。

ハマレック社は、自動車部品や金属加工の分野で、独自の高い技術力をもった企業との連携を引き続き模索しており、そこに川井精工がピタッとはまったということです。対象会社の川井社長としても、「似た業種同士の組合せよりも、他の部類で金属加工を行っている会社のほうが、お互いの相乗効果がより発揮されやすいだろうから、お相手としておもしろいのではないか」という意向でした。さらに、川井精工は、主に自動車部品向けの金属加工業を営んではいますが、これからは電気自動車部品や医療介護部品などといったその他の金属加工の分野にも進出していきたいと考えていました。また、ハマレック社に関しては、財務体質も優良で海外取引もあり、現預金も豊富でキャッシュリッチな会社だったため、川井社長もお相手として非常に満足しているようでした。

　こうして、買手候補企業であるハマレック社とも提携仲介契約書を締結し、両社によるトップ面談へと進めていくこととなりました。

トップ面談―川井社長の体調が悪化

　トップ面談の2日前、私のところに三島信用金庫の原沢支店長からも川井社長の奥様からも電話がありました。川井社長の体調が非常に悪く、布団から起きあがれない状態であるという内容でした。さらに、2日後に行われるハマレック社とのトッ

プ面談について、延期も視野に入れなければならない状況とのことです。トップ面談の会場は静岡県内の予定です。買手の本社は神奈川県でしたから、静岡まで遠方より来ていただくことを予定していました。基本的に、第1回目の両社によるトップ面談は対象会社の本社や工場の見学も兼ねるため、売手サイドで行うのが原則です。今回の事例でいえば、静岡県で行うのが原則ですが、神奈川から静岡まで来ていただいてから、体調不良でトップ面談が突然キャンセルになったとなれば、ハマレック社に対して非常に申し訳ないということを大変気にされていました。

　トップ面談の前日に、私から長男の友樹氏宛てに社長の体調とトップ面談実施の可否をうかがったところ、「明日のトップ面談当日にならないとわかりません」というお返事でした。しかし、トップ面談前日の夕方、川井社長ご本人から私の携帯電話に連絡があり、ご体調を確認すると、「私は地面をはってでも会場に行くので、このまま当初の予定どおり静岡まで来てもらってください。トップ面談の延期はまったく考えていません。私はこのお話に残された人生のすべてをかけています。ご迷惑はいっさいおかけいたしませんので、このまま予定どおり実施しましょう」と電話口で念を押されました。電話口の川井社長の言葉には非常に力がこもっており、トップ面談の延期は絶対に許さないといった迫力さえ感じました。私はすぐに奥様と友樹氏に「明日のトップ面談当日に川井社長の体調が本当に

優れなければ遠慮なくおっしゃってください。川井社長のお体のほうが大事ですから」と伝えました。そして、三島信用金庫にもこの状況をすぐに共有しました。

　翌日、トップ面談は予定どおり実施されました。川井社長が力を振り絞ってお話をされていることが、そばでみていて感じられました。このM&Aにかける想いは、ハマレック社にも十分に伝わり、両社は一気に関係が近くなり非常に意気投合しているようすでした。川井社長の体調が優れず、一時は延期も検討したトップ面談ではありましたが、両社とも非常によい雰囲気で終了し、川井社長と友樹氏の案内のもと、ハマレック社の方々に川井精工の本社と工場の見学をしてもらいました。

　ハマレック社の方々を最寄りの駅まで見送った後に三島信用金庫と川井社長も交え昼食となったのですが、川井社長は１人で立つことができず、原沢支店長と私の２人で川井社長の両方の肩を担ぎながら車に乗せて社長のご自宅まで送りました。まさに命を振り絞ってトップ面談に臨んだのです。この３日後、川井社長は東京の病院に緊急入院されました。

条件交渉・買収監査

　川井社長の入院後、ハマレック社との間で条件交渉が始まりました。入院中の川井社長との面談はできませんでしたが、三島信用金庫とも引き続き連携をとりながら、奥様と友樹氏を通

じ、川井社長の意向をしっかりと確認して進めていくこととしました。従業員全員の雇用の継続などを盛り込んだ基本合意書の締結後、川井社長は買収監査の直前に無事に退院され、1週間程度の休養の後に早足で歩けるほどまでに快復されました。

その後、ハマレック社による買収監査へ進みました。買収監査では、川井社長に対する公認会計士と税理士のインタビューが中心で、すべて予定どおり順調に終了しました。最終的な金額面の条件なども滞りなく交渉を終えて、いよいよ最終契約書である株式譲渡契約書の調印式を迎えることとなりました。

最終契約（調印式）

株式譲渡契約書の調印式は日本M&Aセンターの会議室で行いました。買手企業であるハマレック社からは社長が、対象会社の川井精工からは川井社長、奥様、友樹氏の3人、三島信用金庫からも当時の担当理事、本部担当者、原沢支店長が出席し、盛大に株式譲渡契約書の調印式を執り行いました。

調印式の冒頭では、体調が快復された川井社長から今回のM&Aにかけた熱い想いなどをお話いただきました。病院のベッドでこれまでの経営を振り返って何回も深く考えたこと、今回のM&Aに人生のすべてをかけていたこと、体調不良のなかで幻覚に何度も悩まされたことなどが語られました。最後に、「こうしてこの日を迎えられたことは、最初に相談に乗っ

てくださった三島信用金庫のおかげで、本当に感謝している」とのお言葉があり、深い礼をされました。その隣で奥様と友樹氏が涙ながらに川井社長を見つめていたことが私にはいまでも忘れられません。

M&A実施後の状況

　ハマレック社による譲受け後の川井精工の現状は、大変良好です。会社の業績は両社による相乗効果がうまく発揮され、売上・利益ともに非常に順調に推移しています。川井精工の最寄り駅近くに第二工場も建設する計画です。川井社長ご自身についてもその後入院などの体調の悪化はなく、いまでも代表取締役として勤務されています。友樹氏もまた、引き続き技術部長として若手専門チームをけん引し、活躍されています。三島信用金庫との金融取引も、もちろん従来どおり継続され、これまで以上に良好な関係が続いています。株主が交代した以外はほとんど何も変わっていません。従業員の雇用もそのまま継続されており、１人の退職者もいませんでした。将来的な海外への進出を見込んだ前向きな設備投資も実施しており、世界に羽ばたいていくという川井社長の想いが、そのまま満ちあふれています。

本事例からの学び―信用金庫の役割

日頃からのお客様とのコミュニケーション

三島信用金庫の原沢支店長は、要職である技術部長として社長の長男が勤務している、一見すれば後継者不在企業ではない対象会社を、なぜ後継者不在企業として相談を進めることにしたのでしょうか。

原沢支店長がいうには、普段の取引から社長とのコミュニケーションを意識していたことが本事例のすべてであった、とのことです。対象会社の経営戦略、もっと核心的な言葉でいえば「社長の悩みに常に触れていた」ことです。信用金庫としては、対象会社からさまざまな悩みや心配事を相談していただいて、社長が考える本音、社長の真意、社長の想いを引き出せることにつながっていきます。社長の悩みや心配事を聞き出すには、本事例の場合は川井社長から全面的に信頼していただかなければ不可能だったということです。常日頃からの三島信用金庫の体制や、川井社長と原沢支店長との関係が、本事例の成功要因でした。

加えて、川井社長の家族構成はもちろん、長男である友樹氏の意向や考えを直接聞き出し、社長のみならず友樹氏の気持ちにまで深く入っていける、これが今回のポイントであったと私は考えています。社長のみならず、奥様、長男などご家族の考えをしっかりと把握しており、その意向に沿って物事を進めら

れることこそが信用金庫の強みではないでしょうか。信用金庫は全国展開をしているわけではないので、その地域のみでしか業務を行えません。裏を返せば、一度知り合ったお客様は一生お付合いする存在であり、そこには地元に対する強い責任感が要求されます。原沢支店長はまさに地域に対するその責任を果たしたといえるでしょう。

信用金庫内の情報の伝達

重要な点の1つとして、原沢支店長が川井社長や友樹氏の意向をしっかりと確認し、それを自らの責任感から放っておかずに本部担当者にしっかりと報告をしたことがあげられます。これが本事例のスタートを切る第一歩となったのです。しかしながら、その本部に報告する情報伝達手段や体制が実態に即したかたちで整備されておらず、そこに面倒な手続が必要となれば、情報を本部に報告する支店長はごく限られたものになるでしょう。

本事例の成約後、三島信用金庫の本部担当者に、川井社長に関する後継者不在情報の第一声はどのように聞かれたのですかと尋ねたところ、本部担当者は原沢支店長から電話で連絡を受け、その相談から緊急性を感じ、原沢支店長とすぐに同行訪問をしたとのことでした。そして、川井社長の意向を確認後、川井社長の目の前で私に連絡をしたとのことです。たとえば、営業店から後継者不在情報を本部担当者に伝える際、手間を要する書面を事前に必ず作成しなければならない場合、その事前の

手間が面倒で情報が本部に伝わらないケースもあるかと思います。営業店レベルでは情報をたくさん有しているにもかかわらず、本部への報告に細かい内容の書面の作成など事前に必要以上の手間を要するのであれば、本部への情報伝達は必然的に少なくなってしまいます。

　三島信用金庫でも、取引先企業の経営相談を本部担当者に依頼する場合、相談案件の概要や相談内容を記載した「経営課題共有シート」を作成し、本部担当者に提出することになっています。ただ、取引先企業の後継者問題に関する情報は、緊急を要する場合が多く、そのような場合はすぐさま本部担当者が初期対応を行っています。「経営課題共有シート」は営業店・本部担当部署間での情報共有を円滑にし、案件の進捗管理や人事異動による案件の引き継ぎにも役立っているとのことです。また、本部担当者が営業店を訪問して顧客ニーズを確認する場合もあるそうで、組織体制の整備も進んでいます。本事例の情報の入口に関しても、偶然に本部担当者が支店を訪問したときに、原沢支店長から川井社長からの相談を口頭で聞いたとのことでした。顧客に関する情報は営業店が有していますので、顧客の情報が営業店で途切れることなく、本部にしっかり情報共有されることが重要だとあらためていえます。

　さらに、三島信用金庫では「事業先支援ポイント」という業績評価の制度があります。営業店が「経営課題共有シート」を本部担当者に提出した場合、本事案に対する支援プロセスを営

業店の業績評価に組み入れています。たとえば取引先企業の後継者問題といったようなM&A情報の場合、「経営課題共有シート」を本部担当者に提出すること、日本M&Aセンターなど支援機関を活用すること、提携仲介契約の締結をすること、M&Aの成約といったそれぞれのプロセスで加点され、一連のプロセスを業績評価の加点対象としています。このように、営業店の業績評価制度のなかに事業承継・M&A業務を組み込んでいくということも、これからは重要になるでしょう。少子高齢化がますます進展していくと、事業承継・M&Aの事例も比例するように増加します。信用金庫全体での体制づくりと人材の育成が急務になってくることに備え、信用金庫の業績評価に組み込むことにより、事例をひろいあげる体制の実現が必要となるのです。

　「会社を譲渡する場合、いったいいくらで買い取ってもらえるのだろうか？」という素朴な疑問は、会社の経営権の譲渡を考えている取引先企業のオーナーであれば、だれしも気になることでしょう。企業オーナーであれば、顧問の税理士や公認会計士から相続税の評価額は聞いているかもしれませんが、M&Aでの株価との違いを聞いている人は少ないのではないでしょうか。

　日本M&Aセンターの子会社である企業評価専門の株式会社企業評価総合研究所では、中立的な立場で透明性のある公正な企業価値評価を無料で算定しています。算定するのは、公認会計士や税理士といった専門家です。取引先企業の顧問ではない専門家によって客観的に分析されたレポートを受け取ることにより、信用金庫の取引先企業である中小企業の社長にとっても、新しい視点で自分の会社を見つめ直すきっかけとすることができます。また、中小企業の社長にとって、事業承継問題はまだ喫緊の課題とはとらえられていないケースが大半です。50〜60代のまだ比較的年齢の若い社長であれば、なおさらです。信用金庫からの本サービスの提案を通じて、取引先社長にも事業承継問題をより身近に感じていただき、より真剣に考え、信用金庫と一緒にその対策に着手し、事業承継対策に取り組むきっかけとしていただければと思います。

　簡易企業評価サービスの実施に必要な資料は、過去3期分の貸借対照表と損益計算書のみです。信用金庫の方であれば、お客様からすでに入手ずみの資料であると思われますので、この

簡易企業評価サービス利用の提案はさほどむずかしくないと思います。実際に、このサービスのご案内をきっかけとして、案件がスタートしたケースはたくさんあります。会社の後継者問題のニーズの具現化に大変有効なサービスですので、信用金庫の方にはこのサービスの積極的な活用をお勧めします。

「簡易企業評価サービス（無料）」に関するお問合せは、
shinkinfamily@nihon-ma.co.jp　電話03-5220-4936まで

第3章

大型スポーツ施設の譲渡
（中栄信用金庫）

本事例の概要

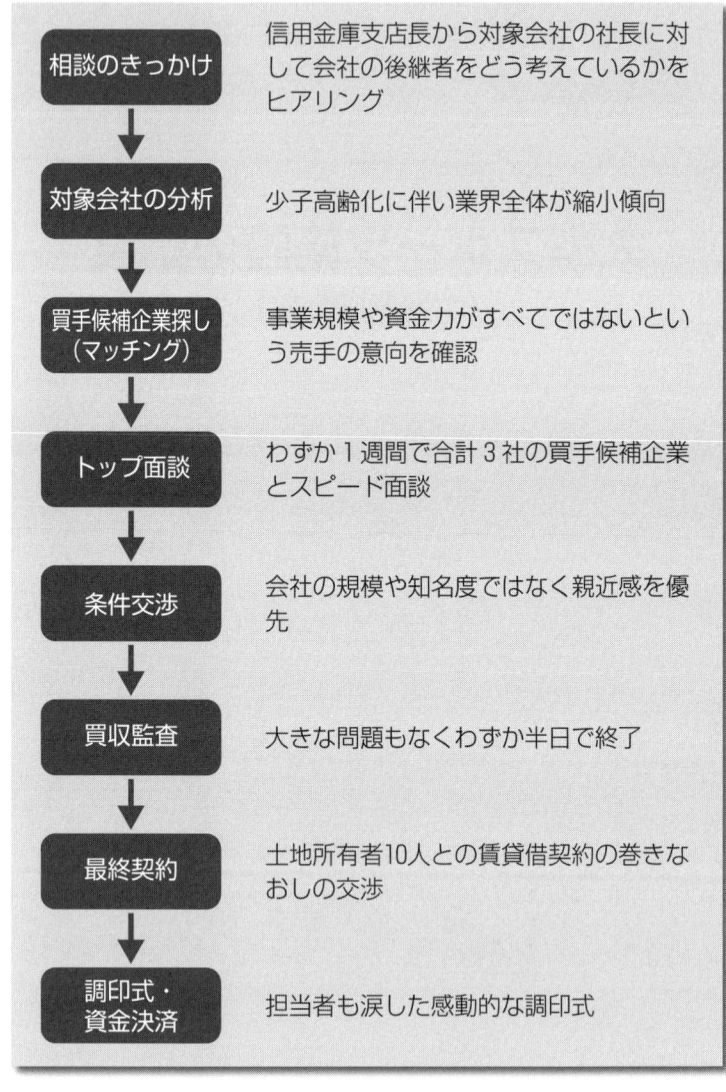

相談のきっかけ	信用金庫支店長から対象会社の社長に対して会社の後継者をどう考えているかをヒアリング
対象会社の分析	少子高齢化に伴い業界全体が縮小傾向
買手候補企業探し（マッチング）	事業規模や資金力がすべてではないという売手の意向を確認
トップ面談	わずか1週間で合計3社の買手候補企業とスピード面談
条件交渉	会社の規模や知名度ではなく親近感を優先
買収監査	大きな問題もなくわずか半日で終了
最終契約	土地所有者10人との賃貸借契約の巻きなおしの交渉
調印式・資金決済	担当者も涙した感動的な調印式

対象会社の基本情報

創 業・設 立	1988年創業
資 本 金	3,500万円
株 主	社長ご夫妻、会社役員2名　合計4名
代 表 者	代表取締役社長（70歳）
事 業 内 容	大型スポーツ施設経営
直 近 売 上 高	約1億円
主 要 販 売 先	一般顧客
従 業 員 数	常勤役員4名、正社員20名、パート約90名
関 連 会 社	なし

譲 渡 理 由	後継者不在、自社のさらなる発展のため
譲渡スキーム	発行済全株式の譲渡

親族関係図

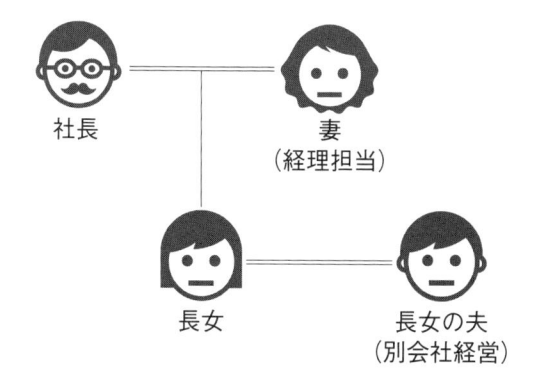

社長　　妻（経理担当）

長女　　長女の夫（別会社経営）

本事例のスケジュール

日　程	手　続
2015年 2 月	信用金庫の支店長が初期の相談に対応
2015年 4 月	提携仲介契約書を締結
2015年12月上旬	買手候補企業にマッチング提案。計 3 社が即座に関心を示す
2015年12月中旬	3 社とのトップ面談（信用金庫会議室にて）
2016年 1 月21日	基本合意契約書の締結（日本M&Aセンター本社にて）
2016年 1 月30日	買収監査を実施
2016年 2 月下旬	株式譲渡契約書を締結（信用金庫の本店会議室にて）
2016年 2 月下旬	資金決済・デリバリー

　この事例は秘密保持に配慮し、一部加工・修正して掲載しております。

相談のきっかけ

　本事例で経営権譲渡の対象となる会社は、1988年に法人を設立、神奈川県で最大規模のスポーツ施設を運営しています。神奈川県の西部を営業基盤とする中栄信用金庫と対象会社とは長

年にわたる取引があり、社長と会話をするなかで、「会社の後継者はどのようにお考えですか」という問いかけを普段から行っていました。

2015年2月頃、対象会社の社長と信用金庫支店長が2人でお会いしたとき、信用金庫支店長から「会社の後継者に関して社長はどのようにお考えなのでしょうか」とあらためて確認をしたところ、「M&Aを通じて、親族や社員とはまったく関係のない第三者に会社を譲渡するのも1つの方法だと思う」という考えを聞き出しました。

それを聞いた信用金庫支店長は、すぐに信用金庫内の本部担当者に相談をしました。私はこの本部担当者とも年齢が近く、普段から頻繁にコミュニケーションをとっていましたので、信用金庫の本部担当者からすぐに私のほうに連絡がありました。そこで、大型のスポーツ施設に関してのM&Aの現状や実際に買手企業となるお相手はみつかるのか、などの具体的な相談が本部担当者からありました。その電話をもらったとき、私はたまたま中栄信用金庫本店のすぐ近くにいたため、「これから本店に参ります」と答え、すぐに信用金庫本店を訪問しました。

その場で本部担当者から対象会社の企業概要や決算の内容などを聞き、施設の場所や周辺の環境も考慮すれば比較的お相手がみつかりやすいものと私は判断をしました。そして、すぐに対象会社の社長との初回面談を設定するよう依頼し、中栄信用金庫とともに本案件を進めることになりました。

初回面談で当社の紹介などを行った後、すぐに2回目のアポイントメントをとり、比較的早い段階でトントン拍子に当社と提携仲介契約書を締結し、中栄信用金庫との共同案件としての本事例が正式にスタートを切ることとなりました。

対象会社の分析

対象会社の概要

対象会社は、年商が約1億円。全国の同じスポーツ施設のなかでも比較的大きい部類に属します。

しかし、対象会社を取り巻く経営環境ならびに対象会社が属するスポーツ業界全体は、昨今非常に厳しいものがありました。プレーヤーの若年化や女性競技人口の増加が一部見受けられるものの、スポーツ人口という観点から考えれば減少傾向にあります。

競技人口の減少以上にスポーツ施設そのものの数が大きく減少している、というのが業界の大きな特徴です。経営を継続している施設は、他の施設が閉鎖すると自分が経営する施設への来客数が増加するので、残存者利益を享受しているという業界の構図がありました。

近くにあった同業のスポーツ施設の経営状況があまりよくなく、設備の老朽化が目立つことなどにより客離れが顕著な傾向にあったことから、対象会社が経営するこのスポーツ施設は土

日はもちろん平日でも比較的満員の状態を維持していました。ご相談をいただいたのはオフ・シーズンに当たる冬季でしたが、地元の常連客の憩いの場のような感じで施設は平日でも非常ににぎわっていました。

　注意してみていると、訪れたお客様はプレーの合間の休憩時間もプレーや競技に関する積極的な会話がなされており、地元住民の地域の情報交換の場となっていました。また、施設全体においては、とても日当たりのよい場所が多かったため、「気持ちよさそうにプレーされているな」と感じ、みているこちらも思わず顔がほころぶ、そんな素敵な雰囲気がありました。

　このスポーツ施設は、"地元顧客の憩いの場も兼ねている"という有意義な場所ですので、対象会社社長としても「なんとか地元にこの施設を残したい」という強い思いも当然ありました。中栄信用金庫としても「社長からご相談されたからには、なんとしてもその思いをつなぎたい」という対象会社社長と同じような強い思いがありました。

　対象会社は、中栄信用金庫のほぼ単独取引であり、会社のご創業から長年にわたる取引がありました。また、対象会社社長は、対象会社とは別に建設会社も経営していました。本件スポーツ施設の経営に参入する以前に建設会社を自ら創業した際にも、中栄信用金庫が創業資金のサポートをしていました。経営が苦しい時期においてもしっかりとした資金サポートを実施していたため、対象会社社長としても「中栄信用金庫は決して

裏切れない」という義理人情を超えた厚い信頼関係が両社の間に存在していました。

経営者の親族関係

対象会社社長ご夫妻には、娘が1人いました。しかし、その娘の夫はすでに建設会社を引き継いで経営していました。娘にこの大型スポーツ施設を継がせるという選択肢もあったとは思いますが、現実的にはむずかしいということであり、対象会社社長ご夫妻は、会社の後継者について長年悩まれていたようでした。

対象会社社長ご夫妻の心境

スポーツ施設の経営について、現状は利益を確保していました。しかし、競技人口が減少している背景をふまえると、今後も利益を維持していくためには、相当の経営努力が必要になることを理解していたため、異なる業種の2社を娘夫妻2人だけで運営することは、負担となってしまうのではないかと考えていました。

また、自分たちが苦労して創業した会社は2社とも大きくなってもらいたいという思いも強いようでした。

このような背景があり、スポーツ施設については親族、社員ではなく第三者に任せるいわゆるM&Aを選択しようという考えになったとのことです。

本事例のお相手探しを引き受けてからは対象会社や業務の運営に関する必要な資料を収集していくわけですが、経理を担当

されていた奥様が必要資料の提供に尽力してくれたため、比較的スムーズに企業評価作業と企業概要書の作成作業を完了することができました。

　一方で、その作業を行っている間の社長ご夫妻のお気持ちとしては、経理担当である奥様は「早くほかのどなたかにこの施設の運営を任せたい」という思いがとても強かったように感じました。ただ、対象会社社長は「非常に名残惜しい」あるいは「本当にいいお相手がみつかるのか」「いったいどの程度の金額で当会社の譲渡ができるのか」といったやや半信半疑な気持ちでお相手探しをスタートしたような印象でした。

買手候補企業探し（マッチング）

会社の規模・資金力などがすべてではない

　中栄信用金庫も交えた共同インタビューを通じて企業概要書を作成し、いよいよお相手探しに着手しました。大型スポーツ施設ということ、神奈川県自体が人気のエリアであったこともあり、お相手探しを開始してからわずか1週間で3社の候補先から手があがりました。

　1社目は、株式上場もしている大会社でした。主力事業はスポーツ用品の販売です。これまでスポーツ施設を運営したことはなかったのですが、「事業の幅を広げ、地域社会に貢献したい」という理由から候補先として名乗りをあげられました。

2社目は、同じ神奈川県内でスポーツ施設の運営や飲食店の経営をしており、対象会社よりも少し大きい規模の非常に実績のある同業の会社でした。

　3社目は、最終的に本事例の大型スポーツ施設を譲り受けることとなった会社ですが、北関東で大型スポーツ施設やスポーツクラブ（フィットネスジム）を運営している会社です。

　会社の規模からみると、1社目の上場会社がとび抜けて大規模に事業を展開しており、その次が2社目の飲食店経営も行う県内の同業会社でした。会社の規模の観点からいえば、今回成約した3社目の会社がいちばん小さい規模でした。

　そして名乗りをあげた3社それぞれの代表者と行うトップ面談の日程調整を行ったのですが、対象会社社長ご夫妻の体力的な面も考慮し、中栄信用金庫の本部担当者とも相談しながら、やや慎重なスケジューリングをしました。1週間あるなかで、月・水・金と隔日3日間で3社にお会いいただこうとのことで面談日程を調整し、中栄信用金庫の本店の会議室を借りてたて続けにトップ面談を行うこととしました。

トップ面談

　3社の代表者とのトップ面談は、それぞれとてもよい雰囲気の面談となりました。なかでも最終的に成約した北関東に本社がある3社目の代表者との面談が対象会社ご夫妻の心にいちば

ん残っているなという印象をトップ面談の終了直後から感じていました。3社目の北関東の会社の代表者は、自らがスポーツ施設をつくってきた方でした。施設の清掃をしたり、フロアを整備したりと、自らの手でゼロからつくってきたところに、対象会社社長ご夫妻としても過去の経験と重なる部分が非常にあり、より多くの共感をもたれたようでした。会社の規模や知名度にとらわれず、そのような「泥臭い共感」をもつことで深い親近感が醸成されたのではないかと思います。

トップ面談の終了後に3社からそれぞれ「意向表明書」が対象会社社長ご夫妻に提出されました。そこには「当該大型スポーツ施設をわれわれはこのように経営していきたい」といった熱い思いが三"社"三様に詳しく書かれていたわけですが、当該スポーツ施設の経営に対する志はもちろん、最もよい条件を提示したのも、いちばん規模の小さいこの北関東の会社でした。

記述が前後しますが、対象会社社長ご夫妻に意向表明書を提示する前までに、3社目の北関東の会社がいちばんこの大型スポーツ施設の下見に通っていました。スポーツ施設に何度も繰り返し訪問して、自分たちでプレーをしたり、社員の接客対応をみたり、施設周辺を何度も実際に歩いたりしていました。

そのため、最終的な成約までには最初のトップ面談から3カ月程度を要しましたが、成約の直前ともなると、北関東の会社は、このスポーツ施設の周辺環境や周辺の裏道も含めた道順な

どを大変熟知するようになっており、「この道を通れば意外に早い時間でこられる」とか「あそこの裏道にこんなすてきなお店がある」とか、施設周辺の状況に精通するようになっていました。対象会社社長ご夫妻にとっても中栄信用金庫の思いとしても、地元でご商売をされていますので、それくらい自分たちの地元の事情をわかっていただけるというのはたいへん嬉しいことだったのではないでしょうか。

　３社の意向表明書が対象会社ご夫妻に提示された後、２週間をメドに回答期限を設定し、ご夫妻の最終的な意向をもらいました。私のなかでも、中栄信用金庫のなかでも「おそらく３社目の北関東の会社と本件を進めていくのではないのかな」という予測はしていましたが、そのとおり、対象会社社長ご夫妻の最終的な意向としては「まずは北関東の会社と本件を進めていきたい」ということでした。

　最終的に譲り受けた北関東の会社の代表者は、会社の規模にかかわらず、「決断できる社長」でした。また、大型スポーツ施設を引き受ける覚悟であったり、対象会社の社長や中栄信用金庫などの関係者や地域社会を思う気持ち、「自分たちが責任をもって引き継がせてもらう」といった、相手をとても尊敬し、思いやる方でもありました。それは中小企業のM&Aにとって、会社の規模や条件面といった定量面以上にとても大切なことです。対象会社ご夫妻に、そのような方をご紹介できたことは大変よかったと感じています。

条件交渉・買収監査

最終的な譲渡金額の調整に難航

　基本合意契約書の締結の後に買収監査に着手しました。当日は、全員で対象会社社長ご夫妻へインタビューを実施して、預金残高などの必要最小限の確認事項のみを顧問税理士の先生方に確認いただき、全員で昼食をとってそのまま解散しました。

　この買収監査のあたりから、成約に向けて一つひとつの確認事項や商談などかなり現実味を帯びてきていることもあって、対象会社社長ご夫妻のなかに一抹のさびしさや「本当にこの会社に手放していいのかな」という気持ちが相当わいてきているように感じていました。

顔をあわせる回数を重ねて信頼関係を築く

　買収監査の終了後、最終契約書の締結までの調整は、ほぼ2日に一度くらい、中栄信用金庫とわれわれで対象会社社長ご夫妻を訪問して内容を確認していきました。中栄信用金庫とは、最初の面談から最終契約書の締結までに20〜30回は一緒に通って面談を繰り返し実施したと思います。そのつど、対象会社社長ご夫妻と昼食を一緒にいただきました。中栄信用金庫の本部担当者も私も、この毎回の昼食がとても楽しかったことを覚えています。本当にいいチームができているという感触が回を重ねるごとに培われていきました。

　対象会社社長ご夫妻の自宅に訪問することも数多くありまし

たが、気さくに本当によくしていただきました。

なかなか交渉が終わらない

そうはいっても、最終契約書である株式譲渡契約書に記載する最終の金額交渉のところでは、対象会社社長ご夫妻としての強いこだわりがありました。これまでのスポーツ施設に対する強い思い入れとこだわりもあったため、ご夫妻にとっての譲れない金額ラインがありました。その金額とのせめぎ合いの交渉が何度も続きました。最後は対象会社社長の奥様が「もうこれでいいのではないですか。これで進むしかないでしょう。これでいきましょう」といって納得していただき、ようやく最終的な合意に至りました。

> ## 苦労した点
> ──大型スポーツ施設の土地所有者である
> 　　「10人の地主との交渉」

残すは最終契約書である株式譲渡契約書の締結とその調印式となりますが、その前にやや苦労した問題点がありました。この大型スポーツ施設の敷地はすべて借地であり、地主が10人もいましたので、全員から土地の賃貸借契約を継続する了解をいただかなくてはなりませんでした。地主の1人でも反対して「それは嫌だ」という話になると、この話はまとまらないので、その点は大変な注意力と神経を使いました。

地主がたくさんいることは事前に承知していましたが、M&Aは極秘で商談が進んでいくため、まだ商談が正式にまとまっていない段階では地主の方に本案件を事前に開示し、了解をもらう手続をすることはできません。プロセスの順番からいくと、最終契約書である株式譲渡契約書の締結が終わってから資金の決済までの間に、地主全員に適切に開示し、全員からその合意を取りつける必要がありましたので、非常に短時間で行わなければなりませんでした。

　10人の地主はかなりの高齢であったり、すでに世代がかわっている方もいたため、本件の開示と賃貸借契約の継続交渉前には大変な不安がありました。しかし、最終契約も締結しており、もう後には引けないため、対象会社社長ご夫妻が地主10人を1人ずつ全員訪問して「この日に懇親会を実施します」と伝え、対象会社主催の懇親会に10人の地主全員に集まってもらいました。地主全員がすぐ集まってくれたことから、これまでの対象会社と地主全員との間で築いた良好な関係性がうかがえました。

　地主の方全員に集まっていただき、北関東の買手企業社長からご挨拶や情報交換をしていただき、今後の経営方針などもご披露いただきました。その結果、誰1人として反対もせず、地主全員との賃貸借契約継続の交渉はうまくまとまりました。

　地主の方は、みなさん元気で非常に仲がよく、和気あいあいとしていました。北関東の買手企業は、地元地域の皆さんと一

緒になって経営を行っていくタイプの企業でしたので、その点は非常に相性がよく、本事例がうまく進んだ大きなポイントだったように思います。そして何より、地主と新しい経営者とが交流している光景をみて、対象会社社長ご夫妻もとても安心されたようすでした。

地主10人との賃貸借契約書は、対象会社社長と地主の方との長年にわたる日頃のコミュニケーションのみで成り立っているような契約になっており、賃貸借契約書の原本も日付が大変古いままで、ほぼ口頭に近い、お互いの信頼関係でのみ成り立っている状態でした。今回のM&Aをきっかけに地主との賃貸借契約も再締結を行い、従前からの契約内容がすっきり整理されたことで、地主全員から非常に契約内容が明瞭になったとの御礼の電話などをいただきました。

会社設立当初に大型スポーツ施設を建設するときは、当該スポーツ施設の建設に反対をされた方もいたようであり、その立上げの時のことを思うと、対象会社社長ご夫妻は大変な苦労をされたのではないかと感じます。長期間当該施設を運営されて、地代についても一度も延滞をすることなくしっかりと支払っていて、そのような長年のお取引きのなかで地主全員としっかりとした信頼関係を築いてきたことが、最後の最後に功を奏した結果となりました。

最終契約（調印式）・資金決済

　地主との賃貸借契約を継続する調整がすべてまとまり、ついに調印式・資金決済日を迎えました。中栄信用金庫の支店長に調印式の最初の祝辞をお願いしたのですが、当日は相当緊張されていました。実は、私が調印式の祝辞を事前に支店長にお願いをするのを伝え忘れていたため、支店長にお願いをしたのが前日の夜となってしまったからです。祝辞の依頼をしたその日の夜、支店長は顧客との会食中であったため、その会食を途中で切り上げ、信用金庫の支店に戻って祝辞の原案をつくったとのことです。調印式・資金決済日の当日の朝、私が支店長を訪問したところ、「昨日の夜に考えた祝辞をいまから読むから事前に確認してほしい」といわれました。支店長がその場で読まれ、あまりにもすばらしいその内容にご夫妻より先に私が感銘を受けたのを覚えています。そして、支店長とともに、調印式の会場である中栄信用金庫本店の会議室に向かい、対象会社社長ご夫妻をお迎えしました。

　調印式の本番では支店長も先の練習どおり祝辞をきれいに読まれ、対象会社社長ご夫妻も涙されていました。調印式を迎える2〜3日前から「本当にさびしい」という思いがふつふつと湧いてきたそうで、当日を迎え、30年の長きにわたる苦労と思いが走馬灯のように頭をよぎってきたご様子で、調印式はあたたかく感動的な雰囲気に包まれました。対象会社社長ご夫妻

は、「このようなすばらしい企業であるならば本当に信頼して今後の経営をお任せできる」という一言を最後におっしゃり、その時は、ともに本件を担当した中栄信用金庫の本部担当者もこらえきれず涙され、私もずいぶんもらい泣きをしました。本当に感動的ですばらしい調印式でした。

1つだけ少し残念であったのは、対象会社社長の奥様が調印式当日の朝に足を怪我されてしまい、調印式には車椅子でのご参加となってしまったことです。ただ、その車椅子も中栄信用金庫が用意してくれました。支店長の亡くなったお父様が使っていたものだということで、ご自宅の倉庫から調印式のためにもってきていただき、きれいに清掃して利用しました。中栄信用金庫のこの思いやりとご配慮には、奥様もとても感謝されていました。

M&A実施後のようす

M&A実施後、対象会社に関する「融資取引を中心とする金融取引全般はそのまま継続されるのか」ということについては、紹介した信用金庫にとっては大変不安になる点だと思います。今回、その懸念はまったくなく、融資取引はもちろん、その他の金融取引については、M&A以前と同様にすべてそのままお取引いただいています。今後、大型スポーツ施設についてもさらに設備を増設させる方向性があり、その設備投資をする

際の借入金対応についても中栄信用金庫にお願いすることになりそうです。

その後、大型スポーツ施設の経営については、これまでとほぼ変化なく順調そのものです。また、大型スポーツ施設周辺にはまだ遊休地があるので、そこに新しく施設を建設する計画など、新たな取組みも検討しているようです。今後はさらに地域社会に溶け込んだよりよい施設になっていくと思います。

地域にとってはコミュニティーのシンボル的な存在である大型スポーツ施設が残り、そこで働く従業員の雇用もすべて継続し、信用金庫との金融取引も大きく変化することなくそのままで継続したということが本当によかった点です。本事例にまつわるすべてがwin-winの関係となりました。

スポーツ施設の運営についてもほぼ同じような形で継続され、残された社員にとっても変化に対する大きな抵抗感もなく、また地域の人々のコミュニティーとしての存在感も変わることなく、現在においても以前とまったく同じ光景が続いています。

譲受企業の後継者問題について

対象会社社長ご夫妻には、子どもは娘のみでご本人は後継者にはならないというご意思でした。一方、事業を譲り受けられた北関東の会社は兄弟2人で経営しており、またそれぞれに3人ずつご子息がおられ、後継者候補が合計6人おられます。昨今の中小企業ではあまり考えられないような「後継者候補であ

ふれている」という状況にあり、社長は6人全員に1つずつ承継する会社を与えることを考えていました。今回の事例は、「後継者がいない」会社と「後継者候補であふれている」会社同士をマッチングしたことになります。将来的には6人の息子のうちの1人が、対象会社の次期社長になる可能性もあるのではないかと思います。

本事例からの学び―信用金庫の役割

信用金庫担当者の存在の大きさ

信用金庫の支店長自らが、担当する取引先企業に「後継者がいない」という理由から、「会社を譲渡する」というM&Aの選択肢を提案することは心理的なハードルも非常に高いと思います。それでも対象会社社長がご立腹することなく、中栄信用金庫に本事例の相談をされたのは、支店長が対象会社社長ご夫妻との間で長年にわたって確固たる信頼関係を築いてこられたからです。

本件が成約まで至った最大のポイントは、信用金庫の本部担当者と地元担当支店の支店長のお2人に常に対象会社社長ご夫妻との面談に同席いただき、商談が佳境を迎える際や譲渡金額の最終交渉などのたいへんな局面にチーム全員が一丸となって対象会社社長ご夫妻にぶつかることができたからです。M&Aの商談では特に「ここぞ」という場面で、われわれや信用金庫

からの意見や発言に信頼性をもっていただき、納得いただけるかどうかが鍵になります。常日頃から信用金庫と顧客との間で、コミュニケーションを密にとり、高い信頼関係が築かれていることによって、信用金庫の本部担当者や支店長のいうことなら間違いない、加えて彼らの紹介で連れてきた日本M&Aセンターのいうことなら信頼できるという土壌が醸成されたのです。そして、そのことが商談の山場では特に重要になります。本事例は、専門会社である当社のノウハウを存分に活かせた一方で、信用金庫が長年かけて培ってきた土壌なしにはなしえなかった成約といえます。まさに信用金庫と当社とが協業するメリットをふんだんに活かし、顧客へ還元することができたといえるのではないでしょうか。

　対象会社社長ご夫妻は一抹の不安や事業を手放すさびしさがあったような印象でしたが、信用金庫の支店長が繰り返し通い、社長ご夫妻の心理的なサポートをしていただいたことが非常に大きかったです。多くの時間を割いていただき、専門用語を使わずわかりやすい説明を繰り返すことで、ご夫妻の精神的なサポートをしていただきました。

　支店長のみならず、信用金庫本部の担当者もほぼすべての商談にご同席いただきました。信用金庫本部の担当者にとっては、対象会社社長ご夫妻は自身が新人の時代に担当していたお客様であり、その15年前と比較して「まあ、本当に成長したね」といわれたそうです。地方銀行やメガバンクとなると、人

事異動で担当する地域そのものが都道府県をまたぐほど変わってしまう場合も多く、同じお客様を再び担当するという機会もなかなか少ないと思います。本部担当者も自らの新人時代の時に集金で訪問していた会社を、最後は自らの手で事業承継のお手伝いができたということは、非常に感慨深い思いがあったとのことです。

われわれは専門会社である以上「M&Aのプロとしてやっている」という側面が当然にあるのですが、信用金庫の場合はそういう面をあまり表には出せません。やはり、優先されることは、「会社とその家族のため」であったり、「取引先社長の想い」であったり、「地域のため」であったり、手数料や取引の効率性などでは一概に語られないみえない部分でのモチベーションが大きく作用していました。

そのモチベーションは、やはり地域のお客様に対して、face to faceで家族的なお付合いをしている信用金庫ならではの考えだと思います。信用金庫の職員として地域に根ざしたM&Aを行っていくとなったとき、「お客様と密なコンタクトをとることができること」が戦略的かつ有効な武器になります。

M&Aの商談には多くのプレッシャーや緊張が伴い、特に、取引条件の交渉や成約の直前には大きな佳境を迎えるわけです。それまでにどれだけお互いの信頼関係を高められたか、信用金庫やわれわれも含めてチーム全体がどれだけ大きな信頼関係をつくれたかが、非常に大きなポイントになるのです。

信用金庫内初成約後の変化

　本事例の成約後、中栄信用金庫内では非常に本件M&Aが話題になったようで、本件の成約後に事業承継・M&A担当者の増員が行われました。M&Aはもちろん、事業承継全般に携わる部署の増員のようです。

　中栄信用金庫から当社への事業承継全般に関する相談も、これまでを上回るペースで寄せられてくるようになりました。また、今後は本件の最終契約書調印式のようすを録画したDVDなどを教材に、信用金庫の役職員向け研修会なども積極的に開催していく予定だそうです。

　日本M&Aセンターでは、提携仲介契約を締結すると「案件化」という作業を行います。これは、譲渡企業の準備のなかで最も大切な作業であり、対象企業のことを徹底的に理解することからスタートするものです。案件化における具体的な作業を簡単にご説明します。

---

① 資料の収集
② インタビュー
③ 企業評価書の作成
④ ノンネームシート・企業概要書の作成
⑤ 企業評価の結果と売手企業経営者の希望条件とのすり
　合せ

---

① 資料の収集

　案件化の第一歩は、対象企業をよく知るための資料の収集から始まります（23ページ「必要資料一覧」参照）。譲渡企業は、これらの資料を提出することになりますが、対象会社の概要や決算・申告書関係の資料は、顧問会計事務所に依頼する場合もあります。

② インタビュー

　一通りの資料の収集が完了すれば、次に対象会社の社長に対する各種インタビューを実施します。日本M&Aセンターでは、この社長に対するインタビューを非常に重視しており、専門のインタビューシートのフォームも用意しています。インタ

ビューによって、対象会社の「強み」「弱み」「業界での地位や特色」が浮かび上がってくることとなるため、その後のマッチングの手がかりになり、商談を有利に進めるための基礎資料となります。

③　企業評価書の作成

　収集した資料やインタビューの結果をもとにして株式価値を算定します。これにより、その後の商談の基礎となる会社の価額が算出されます。M&Aにおける買収価格の交渉基準となるため非常に重要です。

④　ノンネームシート・企業概要書の作成

　「ノンネームシート」（27ページ参照）とは、買手候補企業との秘密保持契約書締結前に、会社の譲受けの興味の有無を確認するため、譲渡企業が特定されないよう企業名を伏せ、業種・規模などを簡単に開示する資料です。

　「企業概要書」については、後述するコラム④を参照してください。

⑤　企業評価の結果と売手企業経営者の希望条件とのすり合せ

　公正に評価した企業価値を売手企業経営者に率直に伝えます。評価額と経営者の希望譲渡価額に乖離があり、高い条件のまま相手候補先の探索に進むと、相手先との条件交渉が折り合わない可能性が高くなります。

　この段階で納得してもらえるよう、しっかりとすり合せを行うことが大切です。

インタビューシートの内容（例）

・代表者プロフィール	・売上債権の不一致
・主要製品、サービス内容	・貸付金・回収懸念債権

・業界情報	・在庫状況
・会社の特徴・課題	・設備関係
・株式・株主の状況	・保険関係
・役員・キーパーソンの状況	・仕入債務関係
・グループ会社の状況	・財務制限条項・外貨建取引・デリバティブ
・部門の状況	・知的財産権
・従業員数推移	・税務・会計問題に関する確認
・労務管理の状況	・株主の異動
・給与・残業代・社会保険	・M＆Aの法的影響
・従業員賞与の支給状況	・製品リスク
・従業員退職金制度の状況	・訴訟事件等
・役員退職金制度の状況	・環境問題・対策
・労働組合の状況	・コンプライアンスリスク
・顧問・コンサルタント一覧	・保証明細
・業績管理の状況	・オーナー一族からの賃借
・経営トピック・将来見通し	・オーナー一族への賃貸
・主要取引先との取引内容と回収条件	・その他オーナー一族との取引
・主要仕入先・外注先との取引内容と支払条件	・グループ相関図
・直近年度末の資産負債残高について	・土地の状況
・法務関係	・建物の状況
・預貯金の不一致	

第 4 章

後継者不在による飲食店の譲渡

──信用金庫がメインの取引先ではなかったが
　支店長が事業承継問題にすぐさま対応した事例
（城北信用金庫）

本事例の概要

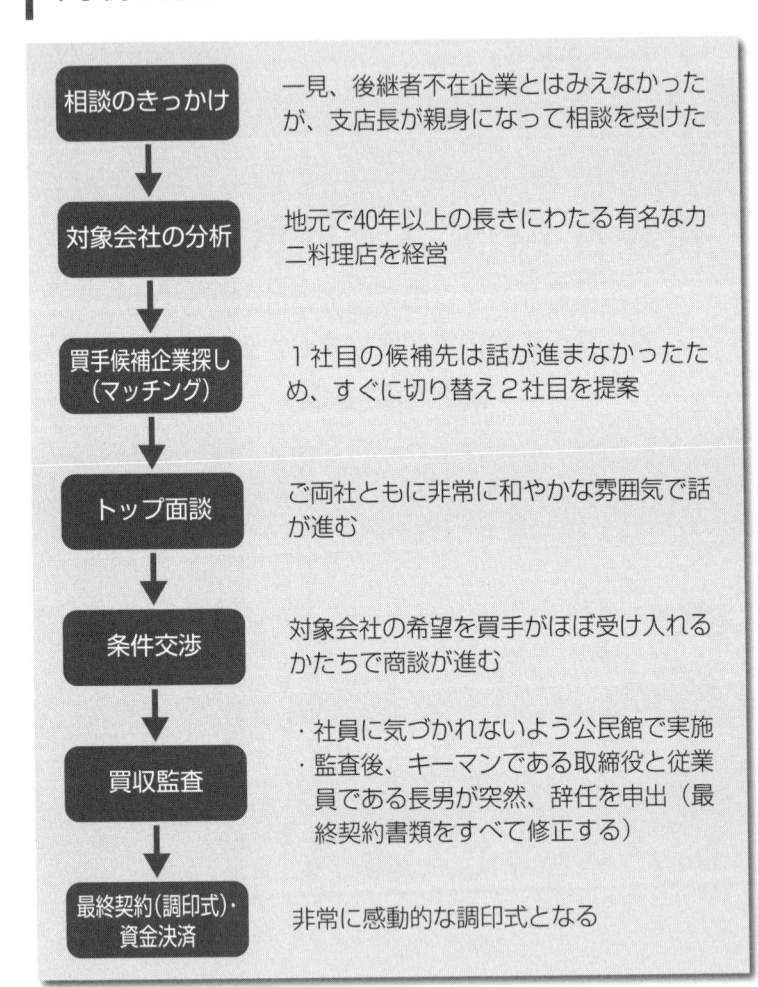

相談のきっかけ	一見、後継者不在企業とはみえなかったが、支店長が親身になって相談を受けた
対象会社の分析	地元で40年以上の長きにわたる有名なカニ料理店を経営
買手候補企業探し（マッチング）	1社目の候補先は話が進まなかったため、すぐに切り替え2社目を提案
トップ面談	ご両社ともに非常に和やかな雰囲気で話が進む
条件交渉	対象会社の希望を買手がほぼ受け入れるかたちで商談が進む
買収監査	・社員に気づかれないよう公民館で実施 ・監査後、キーマンである取締役と従業員である長男が突然、辞任を申出（最終契約書類をすべて修正する）
最終契約(調印式)・資金決済	非常に感動的な調印式となる

対象会社の基本情報

[株式会社三北（仮称）]

創 業・設 立	1971年創業
資　本　金	3,500万円
株　　　主	社長ご夫妻、会社役員2名　合計4名
代　表　者	代表取締役社長（70歳）
事 業 内 容	飲食店2店舗・惣菜店1店舗を経営
直 近 売 上 高	約2億円
主 要 販 売 先	一般顧客
従 業 員 数	常勤役員4名、正社員10名、パート・アルバイト約50名
関 連 会 社	なし

譲 渡 理 由	後継者不在、自社のさらなる発展のため
譲渡スキーム	発行済全株式の譲渡

親族関係図

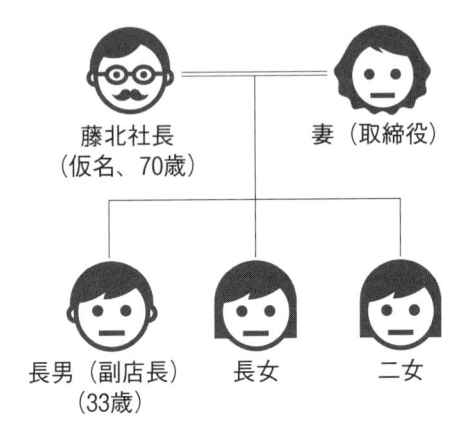

藤北社長
（仮名、70歳）

妻（取締役）

長男（副店長）
（33歳）

長女

二女

関 係 者

山田取締役（仮名）
（経理責任者）

平井取締役（仮名）
（営業・仕入責任者）

▌本事例のスケジュール

日　程	手　続
2015年 2 月	豊永支店長が初期の相談に対応
2015年 4 月	提携仲介契約書を締結
2015年11月下旬	先行社との商談が頓挫
2015年12月上旬	2 社目にマッチング提案。即座に関心を示す
2015年12月25日	トップ面談
2016年 1 月21日	基本合意契約書の締結（日本M&Aセンター本社にて）
2016年 1 月30日－31日	地元の公民館にて買収監査を実施
2016年 2 月25日	株式譲渡契約書を締結（日本M&Aセンター本社にて） 資金決済・デリバリー

　この事例は秘密保持に配慮し、一部加工・修正して掲載しております。

相談のきっかけ

　東京都北区に本部を構える城北信用金庫の豊永支店長（仮名）が、年始のご挨拶として対象会社を訪問したことが始まり

でした。株式会社三北の藤北社長ご夫妻と話していたところ、「もう70歳を超えて、お店の看板である「さんきた」のブランドを残したい思いは非常に強いが、自分はもう若くもなく、会社には後継者がいない。従業員の雇用もこのまま維持したいため、経営を次世代にバトンタッチしたい」というご相談を受けました。

さらに、現在の社内には、店長や社員にも経営を担える適正な人材が見当たらないとのことでした。豊永支店長は、この相談を社長ご夫妻から受けたとき、大変驚いたそうです。なぜなら、藤北社長ご夫妻の長男が社内で勤務しており、この長男が次期社長に就くものだと思っていたからです。

支店長はすぐさま、「ご長男を社長にされるお考えはないのですか」と尋ねたところ、「長男の性格やリーダーシップを勘案すれば、とても次の社長を任せられる器ではない」ということでした。実の父親でもあり社長でもあるからこそ、その感覚をいちばんよくわかっておられます。そのうえで、「会社には後継者がいません」ということをはっきりとおっしゃったのでした。

メインである地元の地方銀行と城北信用金庫の双方に相談

本事例の１つ目のポイントは、藤北社長ご夫妻が、会社の後継者の問題について、先にメインバンクである地元の地方銀行の支店長に相談をしていたことです。しかし、この地元の地方銀行の支店長に相談をしたところ、この件について特に対応を

してもらうことはありませんでした。そこで、2番目に取引があった城北信用金庫の豊永支店長に再度同じご相談をされたとのことでした。

城北信用金庫の豊永支店長は、ソリューションの提供として、M&Aを含めた考えられうる手段をご案内したいと思い、すぐさまソリューション事業部の担当者にご夫妻のお悩みごとをつなぎました。藤北社長ご夫妻のお考えを聞き、ご相談を重ねるなかで、最も適した解決策はM&Aだろうという話になりました。

そして、城北信用金庫の本部担当者である中井部長（仮名）から連絡を受けた私は、豊永支店長と中井部長の3人で藤北社長ご夫妻を訪問することになりました。こうして、本事例がスタートしました。

社長ご夫妻のご要望

藤北社長ご夫妻は地元で40年間にわたりカニ料理店を経営されている、いわゆる地元の名士で、地域の皆さんのだれもが知っているご夫妻です。郷土愛に溢れ、地域に対する強い思い入れがありました。

このような藤北社長ご夫妻のM&Aに対するご要望ははっきりしたものでした。「三北という会社の存続と従業員の雇用の継続は必ず維持したい。そして、この店は地元で生まれ、地元の人に愛され、地元の人たちにここまで育ててもらったので、これからも地元に愛され続けるお店であり続けてほしい。私た

ち夫婦がこのお店を経営してきたことを後になって誇りに思えるようなM&Aを実現してほしい」ということを強くおっしゃったのです。それはつまり、対象会社がM&Aを実施することで後々になってトラブルが発生し、地元の人たちが混乱し、よく思わないような状況にだけはしてほしくないということでした。

また、お店の看板である「さんきた」という屋号も可能な限りそのまま残してほしいという強い思いが伝えられました。

そして最後に、「私たち夫婦はこの地元にずっと住み続けるので、この先もこれまでと同じようにこの街を歩けるようにさえしてくれればよい」ということでした。具体的で非常にわかりやすいご要望であり、私にとっては非常に身が引き締まる想いがしたのを覚えています。

対象会社の分析

対象会社の概要

対象会社である株式会社三北は、都内にカニ料理店を2店舗経営しており、地元では有名な「さんきた」という看板を掲げる地域の一番店です。年商はおよそ2億円、社員は約10名で、パート・アルバイトを50名以上抱えていました。

経営者の親族関係、関係者

対象会社の藤北社長ご夫妻の家族構成は、藤北社長、奥様、

娘2人、息子1人（33歳）の合計5人家族です。娘2人はすでに結婚をして家を離れており、対象会社の飲食店事業にはまったく関与していません。

　長男は副店長として店長のサポート役を勤めていました。長男は、近い将来、父親である藤北社長の後継者として経営者になるのだと思っていたようでしたが、とてもおだやかで優しい性格上、人の上に立ってリーダーシップを発揮するということは得意でなく、藤北社長ご夫妻は、長男が会社を経営することはむずかしいであろうと判断したのです。

　また、対象会社には、藤北社長ご夫妻の長年にわたる補佐役として、2人の取締役が経営をしっかりとサポートしていました。カニ料理店経営の肝となる良質なカニの仕入れを担当している営業部門責任者である平井取締役と経理部門の責任者である山田取締役のお2人です。

買手候補企業探し（マッチング）

売手企業と買手企業における経営体力の比較

　藤北社長ご夫妻との面談後、買手候補企業を探すため、私は企業概要書を作成し、対象会社の企業評価関係書類も作成して、日本M&Aセンター内で買手候補企業を募りました。

　すると、比較的早期の段階で水産物加工業の会社が買手候補として名乗りをあげました。この水産物加工会社は、都内に本

社を置き、年商は対象会社とほぼ同規模である3億円程度であり、財務体質も勘案すると総合的な経営体力もほぼ同じ程度といってよい会社でした。

買手候補企業は、資金を投入して対象会社の株式を購入するわけですから、対象会社と買手候補企業が同程度の規模であると、投資リスクが大きくなってしまいます。経営体力で勘案すると、一般的に買手候補先企業の売上規模は、対象会社の数倍は必要であり、対象会社の年商が仮に2億円であれば、買手候補先企業の年商は最低でも5億円以上、できれば10億円以上あることが望ましいところです。買手候補には相応の経営体力や強靭な財務体質が要求されます。

買手候補の1社目として名乗りをあげた水産物加工会社は、買手候補としてあがった当初から少し規模が小さいなとは思ったのですが、買手候補企業の社長の譲受けにかける思いと熱意が非常に強く、何とかこの飲食店2店舗を譲り受けたいという思いがあったため、トップ面談を行うことになりました。

やはり、いざ話に入ると、「譲り受けたい」という思いの強さが先行し、肝心の財務を中心とするM&Aの検討にあたっては、非常に慎重な姿勢が際立ちました。同程度の対象会社をM&Aを通じて譲り受けるとなれば、買手候補企業としては大きな社運を賭けた検討となってしまうため、どうしても慎重にならざるをえません。両社によるトップ面談も城北信用金庫も同席のもとで3回実施しましたが、買手候補企業からの条件提

示などが何もないまま、まったく話が進まない状況に陥りました。細かい質問のたびに、丁寧に回答する藤北社長ご夫妻の手間と負担も相当なものになっていました。

そのような状況が長く継続すれば、藤北社長ご夫妻からの不平と不満が高まってきます。私はついにこの買手候補では譲受けは無理であろうと判断し、藤北社長ご夫妻と相談をして、この買手候補先との商談については、藤北社長のほうからお断りすることとしました。

同じ飲食店経営でも「高価格帯」の業種を探していた買手先

その後、すぐに次の買手候補が現れました。実際にこの会社が譲り受けることになったのですが、北関東で中華料理店を数十店舗展開し、年商30億円の企業を経営する木村社長（仮名）が高い関心を示してくださいました。

このマッチングのポイントは、対象会社のカニ料理店と買手候補の中華料理店の組合せです。一方は地元に40年以上しっかりと根づいたブランド「さんきた」の看板をもつカニ料理店で、客単価はアルコール類も含めて1万円程度になります。もう一方の買手候補が営むのは餃子を中心とする中華料理店で、アルコール類も比較的安価なビールが中心のため、客単価は1,000〜2,000円程度です。買手候補企業の木村社長は、中華料理とは異なる「高価格帯食材を取り扱う料理店」を以前から探していました。客単価の高い「さんきた」ブランドは、自分の理想にピッタリだと、提案当初から非常に前向きに検討され、

次の買手候補としての名乗りをあげられました。われわれもこれは非常によいマッチングだと感じました。

トップ面談

　対象会社の藤北社長と買手候補企業の木村社長によるトップ面談を、城北信用金庫の中井部長と豊永支店長も交えてすぐに設定しました。

　対象会社は70歳を超えた地元に確固たる信頼ブランドを有するこの道一筋40年のベテランご夫妻、買手候補企業はまだ30代前半の若いご夫妻ではあるものの年商30億を超える企業の経営者です。最初は年代的なギャップが大きいのではないかと心配しましたが、トップ面談の当初からご両者ともに非常に和やかな雰囲気で話が進み、とてもすばらしいトップ面談となりました。トップ面談は藤北社長の自宅近くにある地元の公民館で行いましたが、すでにご両者は相思相愛ともいえるような好印象をお互いに抱いていることが、われわれにもよくわかる雰囲気でした。

　トップ面談後、木村社長としてもぜひとも譲受けを前向きに検討したいということでした。城北信用金庫の中井部長と豊永支店長も大変喜ばれました。

そして、買手候補企業の木村社長より譲受けの金額を含む条件面を即座に提示してもらったところで、商談は大きく進展しました。雇用条件の継続や金額面を含むすべての譲受け条件は、藤北社長ご夫妻のかねてからの希望を木村社長がすべて受け入れるかたちで提示されました。

具体的には、藤北社長ご夫妻の長男を含む従業員は全員そのまま雇用を継続し、長男に関してはむしろ将来の社長候補でお願いしたいということでした。また、カニ料理店の経営の経験やノウハウもないため、すべての取引先と仕入先はそのまま継続するという条件もありました。

こうして、地元に愛され、根づいている「さんきた」の看板とブランドがそのまま受け継がれていくことが約束されました。木村社長のお言葉には非常に熱が入っており、譲受けの条件面はもちろん、藤北社長ご夫妻の想いまでもしっかりと受け継いでいきたいと力強くおっしゃいました。

買収監査
―キーパーソンである経理担当取締役の突然の辞意表明

順調に進んだ買収監査

基本合意書の締結も滞りなく終了し、買手候補企業による買

収監査の手続に着手しました。買手候補企業の担当顧問税理士と顧問公認会計士が中心になって、対象企業の総勘定元帳、税務申告書、決算書、入出金書類を中心とするすべての帳簿書類の確認を実施しました。買収監査は、対象会社の本社ではなく両社のトップ面談を実施した藤北社長の自宅近くにある公民館で行いました。対象会社の本社で買収監査を実施すれば、一般の社員に事前に情報がもれてしまうため、本社からは離れた別の場所で実施したわけです。

　われわれは、対象企業の本社に保管している総勘定元帳をはじめ、すべての帳簿書類をダンボール箱に梱包し、会場である公民館に持ち込みました。もちろん、帳簿書類の紛失には細心の注意を払いました。

　帳簿書類の保存状況はもちろん、対象会社の経営は非常にしっかりしていたので、買収監査において問題が発生するようなことはありませんでした。藤北社長ご夫妻や経理の責任者である山田取締役、城北信用金庫にもご協力いただきながら滞りなく最終契約の締結へ進んでいきました。

取締役からの突然の辞任表明

　最終契約の契約日は2月末でしたが、これまでの商談が順調に進んでいたなかで、突然大きな問題が2つ発生しました。

　1つは、想定外に苦労した事象です。藤北社長ご夫妻のかねてからの希望条件のなかには、従業員全員の雇用の継続があり、もちろんこの従業員のなかには、カニの仕入れを一手に

担っている平井取締役と経理部門の責任者である山田取締役の継続執務が含まれていました。買手候補企業の社長である木村社長の意向としてもこの両名の存在は対象会社になくてはならない存在であり、商談の後半ではむしろ両名の継続執務は、ご夫妻の意向以上に木村社長の譲受けにおける絶対的な条件として位置づけられていました。

最終契約書である株式譲渡契約書の細かい条文内容も両社間において内容がまとまり、後は株式譲渡契約の締結を待つのみとなっていた頃の出来事でした。

契約締結日を4日後に控えた土曜日、藤北社長ご本人から私の携帯電話に突然の連絡がありました。私は現在、東京に単身赴任をしているため、その日は奈良の自宅で家族とともに朝食をとっている最中でした。土曜日の朝に連絡があるくらいなのできっとよいお話ではないだろうと覚悟はしましたが、電話に出てすぐ藤北社長はかなり困ったようすで、まったく落ち着きがないことがうかがえました。

藤北社長がいうには、経理担当の責任者である山田取締役から自分たち夫婦の引退と同時に自らも取締役を辞任したいという突然の申出があったとのことです。前日の金曜日の夜からご夫妻2人で説得にあたったそうですが、断固として考えを変えないとのことでした。藤北社長も非常に困ったようすであり、本件が根底から壊れてしまうのではないかという不安から声が震えているのがはっきりとわかりました。私は藤北社長ご夫妻

と山田取締役にお会いするため、すぐに土曜日の午後の新幹線に飛び乗りました。東京駅に着いたその足で対象会社へ向かい、あらかじめ同席を依頼していた城北信用金庫の中井部長と最寄りの駅で合流し、対象会社を訪問しました。

　山田取締役はやや晴れやかな表情で、静かにこういわれました。「私は40年以上にわたってこの会社と藤北社長ご夫妻を支えてきました。今回こういうご縁があって、私は本当に心の底からうれしいと思います。会社にとっても藤北社長ご夫妻にとっても非常に喜ばしいことです。ただ、私自身ももう70歳を超えて体力的に限界がきており、これから先は本当に厳しいと思うのです。今回、私がずっと支えてきた藤北社長ご夫妻が引退されるのと同時に私も一緒に身を引きたいと考えており、いつこのお話をしようかとずっと悩んでいました。今週、最終契約書に調印されるとのことですので、皆様に迷惑をかけたくないと思い自分の考えをお伝えしました。直前になって大変申し訳ないのですが、この考えに変わりはありません。主人とも話して了承を得ています」。山田取締役の表情は凛として清々しく、大変美しい表情でした。同時に、その決意は非常に固く、揺るぎのないものだと容易にわかりました。そして、藤北社長の奥様は私の隣りで感謝の気持ちから涙ぐんでおられました。

　私は準備しておいた取締役の「辞任届」に山田取締役の自署と実印の押印をその場でいただきました。そして、同日の夕方にその足で買手候補企業の木村社長と面談し、先ほど押印いた

だいた辞任届を提示してこれまでの事情を説明いたしました。木村社長ご夫妻からもすぐにその場で了承を得ることができました。特に、木村社長の奥様からは、「私も社長である夫を支えてきたので、山田取締役のお気持ちは痛いほどよくわかります。山田取締役の代役はまったく問題ございません。むしろ山田取締役には、安心してこれからはゆっくりしてくださいとお伝えください」という言葉がありました。この一連のやりとりは非常に力がこもった熱いやりとりであり、中小企業の経営は、社長や一部の人間だけに限らず多くの関係者の想いで成り立っていることがよくわかった出来事でした。山田取締役の想いや木村社長ご夫妻の懐の深さが私にとってはとても印象的でした。

長男の退職表明

もう1つの問題点は、カニ料理店の副店長である藤北社長の長男のことです。木村社長の意向としては、藤北社長ご夫妻の長男ですから、将来的には店長や取締役、あるいは代表取締役社長を任せたいとのお考えでしたが、「これを機会に私は別の仕事をやってみたい」とおっしゃいました。藤北社長ご夫妻は最低でも新体制が軌道に乗る1年くらいは勤めなさいと、親としても、社長としても城北信用金庫と私の前で説得をされたのですが、本人は決して理解を示しませんでした。この長男の退職の件についても、買手候補企業である木村社長の了解を得ることになりました。

大変だったのはそれだけではありません。山田取締役と長男の突然の辞任を受けて、辞任の手続、取締役の交代の手続、役員の名簿から株主総会と取締役会の議事録、登記に関する必要書類などを、最終契約書の調印をわずか2～3日後に控えるなかですべて変更しなければなりませんでした。最終契約書である株式譲渡契約書の調印式日を延期させるという方法もありましたが、最終契約書の調印式の後に、従業員への発表手続として社員全員に召集をかけていたため、調印式を延期することはできませんでした。われわれは最終契約書の条文を中心に関連書類の該当箇所を翌日の日曜日にはすべて変更し、登記手続を行う司法書士や城北信用金庫とも連携しながら法務的なチェックも含めてすべて最初からやりなおすこととなりました。

　最終段階での契約内容の変更はしばしばあるとはいえ、突然のことで少し慌てましたが、関係者の協力により、スケジュールが遅延することもなく、当初の予定どおり最終契約書の調印式当日を迎えることができました。

最終契約（調印式）

　株式譲渡契約書の調印式当日は、朝から雪が舞う大変寒い日でした。調印式は、日本M&Aセンターの本社で執り行い、藤北社長ご夫妻、木村社長ご夫妻をはじめ、城北信用金庫中井部長、豊永支店長にもご出席いただきました。

藤北社長と奥様のご挨拶は、40年以上の長きにわたる想いが溢れ、涙ながらのご挨拶となりました。さらに、ご夫妻を長期間にわたって支えてこられた山田取締役と顧問税理士によるご夫妻へのお手紙も披露され、非常にすばらしい調印式となりました。

　メインバンクであった地元の地方銀行との対応とは異なり、事業承継の相談を放置しなかった豊永支店長の使命感と責任感が、最後にお客様の最高の笑顔につながったのです。

M&A実施後のようす

　木村社長による譲受けのその後の状況ですが、カニ料理店は売上げがM&A時の約2億円から3.5億円近くまで拡大しており、会社は順調に成長を遂げています。木村社長から派遣された新しい社長も非常に商売が上手な方で、「さんきた」のブランドを活用しながら新規出店を行うなど積極的に事業を拡大展開しています。新規の出店費用や、売上げの拡大などにより増加した運転資金については、城北信用金庫が積極的に対応しており、城北信用金庫にとっても取引パイプの幅が太くなるという大きなメリットを享受しています。また、事業の積極的な拡大に伴い、新規出店も増え、カニを中心とする仕入も価格交渉力が強まり、利益率の向上と「さんきた」のブランドの幅広い展開に積極的に貢献しています。

後継者候補の検討

対象会社は、社長ご夫妻の長男が副店長として経営に積極的に参画しており、一見すると非常にしっかりした方なので、取引金融機関である信用金庫からすれば後継者不在企業とは思えない状況でした。しかし、藤北社長ご夫妻は長男を次期後継者とは考えておらず、後継者に関する相談を受けた豊永支店長が他金融機関に先駆けて素早く対応したという点が今回の成功事例につながったと考えます。

信用金庫内での情報連携

藤北社長ご夫妻は会社の後継者の問題をメインバンクである地方銀行とサブバンクの城北信用金庫に相談し、城北信用金庫の豊永支店長はそのまま放置することなく本部担当者である中井部長にその情報を迅速につなぎました。豊永支店長に、「なぜ、本部担当者に情報をつないだのか」と聞いたところ、支店長自身の地域社会に対する思い、地元営業店の支店長というその責任感のもと行動しただけです、という返答でした。その地元地域社会に対する責任感に基づき、後継者不在企業に対してそのまま放っておくかそれとも真剣に相談に乗るかという根本的な部分は、信用金庫が事業承継・M＆A業務に携わる大きな分岐点になると思います。

日本M＆Aセンターは毎年5月と11月に都内で「しんきん

ファミリー」という信用金庫の役職員向けの事業承継・M&A研究会を開催していますが、しんきんファミリーに参加している各信用金庫の本部担当者の方のなかには、「支店から後継者不在企業に関する情報がなかなか上がってこない」とおっしゃる方もいます。中小企業における後継者不在企業の比率からいえば、各信用金庫において後継者不在企業の相談は必ず存在するはずです。信用金庫の本部担当者に事業承継の相談がまったく寄せられないということは、相談を受けた営業店あるいはその気配を感じた営業店が情報を本部につながずそのまま放置している可能性もあります。

　事業承継を地域の問題としてとらえ、地域社会や地域経済に対する責任をきっちりと果たした城北信用金庫の豊永支店長は、本当の意味で地域社会に貢献したといえます。その結果、最終的にはお客様からは涙ながらに感謝され、その後は金融取引のパイプも大きく拡大するといった信用金庫にとっても大きなプラスの効果が生じたのです。

信用金庫の役割

　信用金庫の営業店は通常の金融取引の窓口が社長ご夫妻、経理部長、経理課長といった方であるため、通常業務の範囲内では会社の一部分しか把握できないのが現状だと思います。しかし、本事例では、藤北社長ご夫妻の長男や娘たちとそのご家族、平井取締役や山田取締役のようなご夫妻を長年にわたり支えてこられた会社の重鎮、顧問税理士、取引先の人たちなど、

非常に多くの方々とかかわりご協力をいただきました。その関係者の皆様こそが三北という会社そのものなのです。会社は役員・従業員とその家族・地域社会などすべてがかかわることで成り立っているということをあらためて感じさせられた事例でした。特に、信用金庫の取引先の中心となる地域の中小企業ではそれが顕著に表れます。

今回の事例の山田取締役や顧問税理士の先生なども、ご夫妻を40年以上も支えてこられ、最後の最後まで役員の登記手続や買収監査などにご協力をいただいたのですが、取締役、長男を含むご家族、地域への想い、お店の看板など目にみえないそれぞれの想いを強く感じました。

われわれはこの想いを共有しながら、事業承継・M&A業務を進めていかなければならないと考えています。単なる金融取引の枠組みだけにとらわれず、地域社会でご商売をされているすべてのお客様は、決算書や試算表といった目にみえる部分はもちろん、地域に対する想いや従業員とその家族の想いなどもっと大きくて深いものを背負っておられることをあらためて認識した事例でした。

本事例の藤北社長のお立場からすれば、会社の長でもあり、藤北家の長でもあり、さらにもう1つ、私が最初に要望を受けたM&A実施後も地元を歩けるようにしてほしいという言葉に表されるように「地域の長」でもあります。地域の名士であるお客様において、「会社の長」「家族の長」「地域の長」という

少なくともこの３つの側面を将来にわたりきっちりと守ってあげる、これが地域顧客支援の本質ではないかと思います。

　事業承継・M＆Aのイメージは、どうしても「売った」「買った」という金銭面の側面のみで判断をしがちです。しかし、取引先社長の抱えている問題の本質は、目にみえない側面が占める割合が非常に大きいと思います。信用金庫の皆様には、その目にみえない側面に目を配り、共感と深い理解に努めていただければと思っています。

　信用金庫は、小さな地域コミュニティーだからこそ、その地域のことを非常によく理解しています。それが信用金庫の強みです。長く地域社会と共存してきた地縁の部分を活かせる業務が、事業承継・M＆A支援業務です。私は、事業承継・M＆A支援業務こそ信用金庫が真の力を発揮する業務の１つであると考えています。冒頭で藤北社長からの具体的な要望としていわれた、「地域社会にとって誇りに思えるお店であり続けてほしい」という希望を実現することは、まさに地元に対する想い、地域への愛着、地域に対する責任感が十分に発揮できる信用金庫の業務だと思うのです。

　企業概要書とは、仲介機関が作成する、買手候補企業がM&Aを検討する際の基本情報をわかりやすく盛り込んだ資料です。結婚でいう「お見合い写真」に相当します。企業概要書を作成するにあたっては、下記の基本事項を意識する必要があります。

> a．企業概要書の完成形を見据えた資料依頼
> b．マネジメントインタビューと現場見学の重要性
> c．情報の取捨選択（買手候補企業の立場で気になる点を盛り込む）
> d．視覚に訴えるわかりやすさ

　企業概要書は30〜50ページにわたり、正確な情報と譲渡企業の魅力が最大限に伝わるように作成し、買手候補企業はこの資料をもとにM&A検討の一歩を進めるかを判断します。案件を進めるうえでブレイク（破談）リスクを軽減するためにも重要な資料といえます。

　その内容は、業界概況から始まり、会社概要、会社沿革、事業内容（商品・サービス）、会社の強み・弱み・機会・脅威、組織のキーパーソン、事業フロー、得意先・仕入先、財務状況などを網羅し、最後に株主の状況や希望価格などM&Aに必要な情報を含んでいます。

【企業概要書の基本構成】

a. ビジネスモデル：事業フロー、サービス／製品、内製化／外注化、強み／弱み　など

b. ヒト（組織体系）：株主、組織、キーマン、給与体系、退職金　など

c. モノ（設備状況）：事業所、工場、機械設備、老朽化度合い、利便性　など

d. カネ（財務状況）：売上げ、損益、資産状況・借入状況、簿外の資産・負債の存在　など

　企業概要書は買手候補企業がM&A検討のために使用する資料ですから、買手の立場から見て知りたいことを記載する必要があります。

企業概要書の例（抜粋）

基本情報

【Point】 **技術力と内製化を武器に、利益と実績を生み出す金属加工機メーカー**

商　　　号	株式会社サンプルメーカー
本 社 所 在 地	本社・工場：埼玉県×××市123-4
その他事業所	信州工場　：長野県×××市567
創 業 ・ 設 立	1950年1月設立
資 本 金	25,000千円
代 表 者	代表取締役 鈴木 次郎（スズキ ジロウ 1960年10月生）
株 主	鈴木太郎（会長／50%）鈴木次郎（代表／40%）他2名（10%）
事 業 内 容	機械設計業、金属工作機械製造業、金属加工機械卸売業
直 近 売 上 高	750,000千円（2017年3月期）
主 要 販 売 先	㈱●●●、㈱●●●、㈱●●●、㈱●●●、㈱●●● 等
主 要 仕 入 先	㈱●●●、㈱●●●、㈱●●●、㈱●●●、㈱●●● 等
主 要 納 入 先	㈱●●●、㈱●●●、㈱●●●、㈱●●●、㈱●●● 等
従 業 員 数	60名（正社員57名、パート3名）（2017年12月時点）
保 有 許 認 可	一般建設業許可
譲 渡 理 由	後継者不在のため

特徴

【Point】 **高い内製率により、高品質かつ低価格の金属加工機を実現**

強み・特性（収益の源泉）

● **高い技術力を武器に豊富な納入実績を誇る**
複雑な専用加工機を内製できる会社は国内でも希少であり、高度な技術力を有している。また、このような専用機だけでなく、標準機をベースとして汎用機（利益率を高く保つことができる）の製造も行っている。

● **コスト面の優位性**
金属加工機の一部を構成するユニットの製造、板金や塗装、電気設計等を全て自社内で行い、一貫した生産体制が構築されている。競合他社ではユニットの購入や外注作業も多い中、対象会社では徹底した内製化や創業以来の豊富な経験と実績、過去の図面等の利用により、コスト面の優位性を保ち、顧客ニーズの充足を実現している。

● **短納期を実現する対応力と万全のアフターフォロー体制**
加工機設置後のアフターフォローに関して、製造に関与した担当者が直接対応するため、迅速かつ適切なサービスを提供できる。

今後の展開（成長のポテンシャル）

● **保守メンテナンスの拡大**
他社の機械をメンテナンス出来る技術スタッフを増員することで、サービスの幅が広がる。

● **ユニット販売の拡大**
対象会社は高い技術力を活かして専用加工機に組み込まれる高性能・高品質な各ユニットを社内で一貫生産している。現在は専用加工機の売上が売上高の約99%を占めており、ユニット単体での販売は少ない。今後、利益率の高いユニットの販路を拡大し、売上を伸ばしていくことが考えられる。

3. 事業拠点・不動産・設備
本社工場 所在地

事業所名	所 在 地	区分	所有形態	面 積 (登記簿謄本)		取得年月・事由	帳簿価額 (2017年3月期)	時価評価 (※)
本社工場	埼玉県ＸＸＸ市 123-4	建物1	自社	1階 2,500.00㎡ 2階 700.00㎡		1965年3月 新築	35,000千円	-
		建物2	自社	1階 1,000.00㎡ 2階 500.00㎡		1970年3月 新築	25,000千円	-
		土地	自社	4,500.00㎡		1960年1月 取得	100,000千円	102,000千円

※(株)三友システムアプレイザル価格調査結果

【アクセス】 ●●駅よりタクシーで約15分

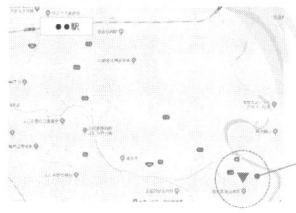

p.18

---

4. 組織・従業員・許認可
代表者プロフィール・会社沿革

代表者プロフィール

代 表 者 名	鈴木 次郎 (1960年10月生)				
経 歴	1980年4月 株式会社サンプルメーカー 1985年4月 取締役 就任 1995年4月 代表取締役 就任				
	関 係	氏 名	年齢	勤 務 先	備 考
家 族・親 族 構 成	妻	鈴木 麻子	1960年10月生	主婦	
	長男	鈴木 三郎	1990年10月生	非常勤取締役	
趣 味	ゴルフ、旅行				
会社設立経緯	鈴木五右衛門氏が前職の経験を活かし、独立する形で1950年1月に設立				

会社沿革

年 月	主 要 沿 革
1950年1月	鈴木五右衛門氏が当社を設立し、初代代表取締役に就任
1970年1月	創業者五右衛門氏(祖父)死去、鈴木太郎氏(父)が代表取締役に就任
1995年4月	前代表取締役鈴木太郎氏(父)に代わって、鈴木次郎氏が代表取締役に就任
2000年4月	信州工場設立

p.24

ＢＳの推移（過去3期）

（単位：千円）

科　目	2015年3月期	2016年3月期	2017年3月期
【流動資産】	[372,050]	[326,500]	[377,500]
現金及び預金	100,000	95,000	102,500
受取手形	95,000	57,500	115,000
売掛金	92,500	73,500	62,500
原材料	14,040	12,255	14,250
仕掛品（半成品）	62,400	70,950	82,500
繰延税金資産	7,500	1,500	
未収入金	610	795	750
未収還付法人税等		15,000	
【固定資産】	[548,450]	[635,500]	[586,000]
【有形固定資産】	[289,450]	[305,500]	[286,000]
建物	105,000	107,500	100,000
車両	10,000	10,000	7,500
機械及び装置	20,000	32,500	25,000
車両運搬具	3,500	4,500	3,000
工具、器具及び備品	950	1,000	500
土地	150,000	150,000	150,000
【無形固定資産】	[0]	[0]	[0]
【投資等】	[259,000]	[330,000]	[300,000]
投資有価証券	244,000	310,000	275,000
保険積立金	15,000	20,000	25,000
【繰延資産】	[0]	[0]	[0]
資産合計	920,500	962,000	963,500

科　目	2015年3月期	2016年3月期	2017年3月期
【流動負債】	[288,000]	[206,750]	[262,250]
支払手形	17,500	10,000	
買掛金	32,500	25,000	37,000
短期借入金	132,500	150,000	145,000
1年以内長期借入金	30,000	33,500	32,500
未払金	7,000	14,750	7,500
未払費用	15,000	17,000	14,000
未払法人税等	25,000		12,000
未払事業所税	1,000	1,000	1,000
未払消費税等	17,500		4,250
賞与引当金	10,000	9,500	9,000
【固定負債】	[158,000]	[217,250]	[185,000]
長期借入金	150,000	205,000	185,000
繰延税金負債	8,000	12,750	
負債合計	446,000	478,500	447,250

科　目	2015年3月期	2016年3月期	2017年3月期
【資本金】	[25,000]	[25,000]	[25,000]
【資本剰余金】	[0]	[0]	[0]
【利益剰余金】	[449,500]	[458,500]	[491,250]
利益準備金	6,500	6,250	6,250
別途積立金	350,000	390,000	400,000
特別償却準備金	1,500	750	
固定資産圧縮積立金	46,500	46,500	45,000
繰越利益剰余金	45,000	15,000	40,000
【自己株式】			
純資産合計	474,500	483,500	516,250
負債・純資産合計	920,500	962,000	963,500

特記事項

・繰延税金資産/負債
中小会計要領により計算書類を作成しており、2017/3期から税効果会計を適用しないこととしている

・土地の含み益
3,500千円（㈱三友システムアプレイザル価格調査書にて試算した場合）

・投資有価証券の含み損
△5,000千円
（2017年○月○日の終値で評価した場合）

・保険積立金の含み益
15,000千円（2017年3月の解約返戻金で試算した場合）

・特別償却準備金
2012/3期に取崩した機械装置にかかるもの

ＰＬの推移（過去3期）

（単位：千円）

科　目	2015年3月期	売上高比	2016年3月期	売上高比	2017年3月期	売上高比
機械販売	510,000	65.4%	495,000	76.7%	525,000	70.0%
保守サービス	270,000	34.6%	150,000	23.3%	225,000	30.0%
【売上高】	[780,000]	100.0%	[645,000]	100.0%	[750,000]	100.0%
当期商品製造原価	568,620	72.9%	512,610	79.5%	536,700	71.6%
【売上原価】	[568,620]	72.9%	[512,610]	79.5%	[536,700]	71.6%
売上総利益	211,380	27.1%	132,390	20.5%	213,300	28.4%
【販売費及び一般管理費】	[122,460]	15.7%	[109,650]	17.0%	[140,250]	18.7%
営業利益	88,920	11.4%	22,740	3.5%	73,050	9.7%
【営業外収益】	[60,060]	7.7%	[33,540]	5.2%	[43,500]	5.8%
受取利息			645	0.1%		
有価証券売却益	50,700	6.5%	28,380	4.4%	37,500	5.0%
受取配当金	7,020	0.9%	1,935	0.3%	3,750	0.5%
雑収入	2,340	0.3%	2,580	0.4%	2,250	0.3%
【営業外費用】	[31,200]	4.0%	[46,310]	7.2%	[71,550]	9.5%
支払利息	3,120	0.4%	3,225	0.5%	3,000	0.4%
有価証券売却損	28,080	3.6%	41,925	6.5%	68,550	9.1%
雑損失			1,160	0.2%		
経常利益	117,780	15.1%	9,970	1.5%	45,000	6.0%
【特別利益】	[0]	0.1%	[5,805]	0.9%	[6,750]	0.9%
固定資産売却益			4,515	0.7%		
国庫補助金等収入					6,000	0.8%
賞与引当金戻入益			1,290	0.2%	750	0.1%
【特別損失】	[3,900]	0.5%	[0]	0.0%	[1,500]	0.2%
固定資産圧縮損					1,500	0.2%
賞与引当金繰入	3,900	0.5%				
税引前当期純利益	113,880	14.6%	15,775	2.4%	50,250	6.7%
法人、住民税及び事業税	39,780	5.1%	645	0.1%	18,750	2.5%
法人税等調整額	△3,900	0.5%	△3,870	0.6%	△11,250	1.5%
当期純利益	78,000	10.0%	19,000	2.9%	42,750	5.7%

特記事項

・雑損失
2017/3期
外国株式購入時の換算差額

・固定資産売却益
車両および機械装置の売却によるもの

・国庫補助金等収入
ものづくり補助金収入

・法人税等調整額
2017/3期から税効果会計を適用しないこととしたため、繰延税金資産/負債を全額、取り崩している

医療法人（出資持分なし）の M&A
（城南信用金庫）

本事例の概要

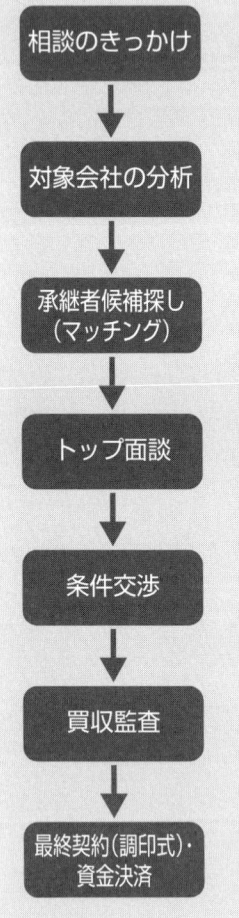

相談のきっかけ

支店でニーズを把握後、すぐに本部へ相談

対象会社の分析

・「出資持分なし医療法人」のため、通常の持分の承継でM&Aを成立させることができない
・土地・建物は大手不動産会社からの賃借

承継者候補探し（マッチング）

すぐに愛知県の大手医療法人が興味を示す

トップ面談

都内の高級ホテルにて、ややおごそかな雰囲気のなかで行う

条件交渉

退任する理事長に対する退職金スキームを活用

買収監査

・病院設備の修繕が大幅に未実施であることが問題に
・病院設備の査定内容に難航

最終契約（調印式）・資金決済

医療法人の理事長より城南信用金庫に対する感謝の言葉をいただく

対象会社の基本情報

[特定医療法人社団　成心堂　月宮病院（仮称）]

創 業・設 立	1950年創業
代　表　者	宮城理事長（仮名、72歳）
事 業 内 容	特定医療法人社団（病床数60床）
当時の売上高	約12億円
主 要 顧 客	一般個人
従 業 員 数	理事6名　監事2名　従業員130名
関 連 会 社	なし

譲 渡 理 由	後継者不在、地域医療機関存続のため
譲渡スキーム	退任する理事長に役員退職慰労金を支払う

親族・関係者

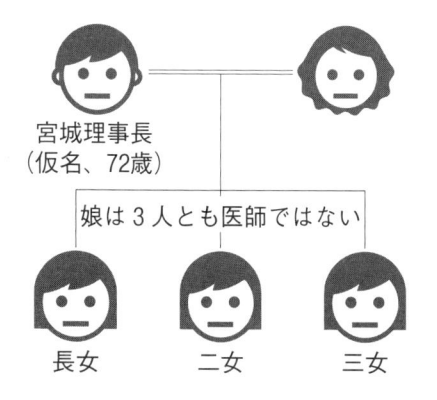

第5章　医療法人（出資持分なし）のM&A（城南信用金庫）　133

本事例のスケジュール

日　程	手　続
2014年9月	信用金庫の支店長が病院事務長からの初期の相談に対応、本部に相談・報告
2014年10月	理事長室にて理事長・事務長と支店長・本部役員が面談
2014年11月	第三者承継のコンサルティング開始
2014年12月	医療法人大正グループ（愛知県）に提案
2015年1〜3月	月宮病院の個別詳細資料の検討
2015年4月20日	トップ面談
2015年5月22日	基本合意契約書の締結
2015年5〜6月上旬	月宮病院内にて買収監査を実施
2015年6月18日	経営権承継契約書の調印 退任する理事長に退職慰労金を支払

　この事例は秘密保持に配慮し、一部加工・修正して掲載しております。

医療法人のM&A

　今回の事例は、城南信用金庫と共同で実施した医療法人のM&Aです。信用金庫においても、医療法人とのお取引は非常

に多いかと思います。医療法人において、理事長や院長の高齢化は、一般の中小企業よりも進展しており、後継者の問題に悩んでおられる医療法人の事例は多数あるはずです。医療法人のM&A実務ができる仲介会社は日本にはまだ少ないのですが、日本M&Aセンターには専門部署として医療介護支援部があり、医療法人M&Aのサポートへの万全な体制が整っています。城南信用金庫におけるこの取組事例を参考にしていただき、医療法人に対する事業承継・M&A業務に安心してより積極的に取り組んでいただければと考えています。

相談のきっかけ

　特定医療法人社団成心堂（月宮病院・仮称）は、城南信用金庫と長年にわたるお取引がありました。理事長であり外科医師でもある宮城理事長（仮名・72歳）と理事長を長年にわたり支えてこられた医療法人の事務長である三宅事務長（仮名）は、半年に一度のペースで、メインバンクである城南信用金庫の支店長と医療法人の決算報告や病院経営の近況などの報告会ならびに情報交換会を開催されていたそうです。ある情報交換会の際に、支店長が、宮城理事長と三宅事務長から今後の病院経営を左右するやや深刻な相談を3点受けたことが始まりでした。

　相談の１つ目は、医療法人の後継者の問題でした。理事長である宮城先生には娘が３人いますが、３人とも医師ではなく、医療とはまったく関係のない別の会社に勤務していました。当時は、宮城理事長が医療法人の理事長をされていましたが、宮城理事長もすでに72歳と高齢であり、この医療法人には後継者がいないという状況でした。

　宮城理事長ご自身は、最近は加齢に伴う体力の低下を意識するようになり、自身も含め三宅事務長ならびにその他の病院スタッフの高齢化も進み、病院全体に活気がないと感じていました。また、いちばん大きな問題点は、次の理事長の候補となる人材がいないため、病院経営の存続に大きな不安が伴っていることでした。

　加えて、月宮病院は当然ながら地域の住民にとって大変重要な役割を果たしています。駅前の好立地に位置し、病院の周辺にはたくさんの住宅がある関係で、地域の住民にとってなくてはならない存在です。また、宮城理事長ご夫妻も月宮病院のすぐ近くに住んでいるため、地域にとって、宮城理事長はシンボル的な存在であることはもちろん、宮城理事長を慕い、週に何度も病院に通う患者さんもたくさんいらっしゃいました。まさに月宮病院は地域住民、特に地域のお年寄りにとっては、「命のよりどころ」であり、なくてはならない存在でした。宮城理

事長は、その地域医療を一手に引き受けていたのです。

　また、宮城理事長の娘たちも理事長同様に地元地域に住んでいました。宮城理事長は、病院のすぐ近くの自宅から毎日歩いて病院に通っていました。また、病院が休診日である休日には、よくご家族で近所のスーパーへ買物に出かけられるそうで、そこでも毎回たくさん声をかけられ、レジで袋詰めをしているときでも、近所のお年寄りなどから体の具合や薬の処方などについて話かけられることが頻繁にあったそうです。このように、宮城理事長はまさに地元のシンボルであり、72歳の高齢ながら地元住民に対する責任も感じておられました。

　宮城理事長は、「後継者がいないという私自身の問題で、この月宮病院を廃業するわけにはいきません。仮に月宮病院が廃業に追い込まれれば、この地域に住んでいる多くのお年寄りが本当に困ってしまいます。それは私の家族がつぶれてしまうことと一緒であり、もうこの地域には顔向けができず、家族が住み続けることもできません。それくらい大変重要なことです」とおっしゃいました。さらに宮城理事長は、「だからこそ、この月宮病院は何としても存続させなければいけないのです。しかしながら、私の子は3人とも医師ではありません。三宅事務長といつも相談をしてはいるものの、今後の病院経営を本当にどうしようか真剣に悩んでいます」という相談がありました。

　2つ目の相談は、月宮病院の足元の経営に関することです。宮城理事長と三宅事務長によると、病院の建物を中心に、大変な老朽化が進んでいるとのことでした。病院建物の目にみえない部分にある設備の老朽化が激しく、ここ10年程はほぼそのままの状態になっているため、大きな災害の発生時やその他の緊急時には、地方自治体や消防などの要求に十分に応えられないであろうとの見解でした。実際の病院建物の内部をよくみても、患者の方たちが通る受付や階段はきれいに補修がなされているものの、外壁や天井に至っては、明らかに老朽化が目立っている状況でした。後になって建物設備に関する専門家に点検していただいたところ、月宮病院の正面玄関は、その上の外壁がいつ剥がれ落ちてもおかしくないような状況であることが判明しました。

　また、病院内部の主要設備においても、古いタイプの医療機器が目立ってきたとのことでした。宮城理事長は、レントゲン関係の設備あるいはCT設備においては、常に最先端の設備を導入したいという意向を強くもっており、このような新しいタイプの設備を導入することによって、他の病院との差別化が図られ、現場の医師の士気も高まるのではないかとのお考えでした。そして、何よりも、設備が古いままであれば、地域の高齢者を中心とする患者の方たちに迷惑をかけることにつながり、

その点も非常に心苦しいとのことでした。

病院に隣接している老人ホームとの関係性の問題

　3つ目の相談は、月宮病院に併設されている老人ホームの問題です。月宮病院の隣には、こちらも地域のシンボルともいえる老人ホームが併設されていました。この老人ホームは大手不動産会社が経営しており、「老人ホームのすぐ隣に月宮病院がありますので万が一の場合でも安心です」という説明を入居時に行っています。そのため、何としても月宮病院を存続させなければ、老人ホームの入居者にも運営者である大手不動産会社に対しても非常に大きな迷惑がかかってしまうとのことでした。

　城南信用金庫の営業店に相談にこられた宮城理事長と三宅事務長が抱く月宮病院の今後の経営における悩みは、宮城理事長に関する後継者の問題、建物とその設備の老朽化が進むことで地域医療が維持できない可能性の問題、隣接する老人ホームとの連携の問題などで、月宮病院の経営に関して簡単には解決できないような内容でした。また、宮城理事長は、そういった地域医療を代表する重圧と責任感から最近は夜も眠れないほど深刻に悩んでいました。

　この相談を受けた城南信用金庫の支店長は、すぐに本部に報告し、早速本部の担当者と支店長と私の3人で月宮病院の宮城理事長を訪問することになりました。

私は宮城理事長と三宅事務長と面談し、事前に支店長からお聞きしていた内容をあらためて確認しました。宮城理事長の基本的な考えは、「月宮病院の看板や理事長が交代してもまったく構わないので、何としてもこの病院を存続させ、この地域に医療のサービスを提供し続けたい。そうでなければ、本当に困ってしまう患者さんがこの地域にあふれてしまいます」というものでした。

　ただ、病院の建物を適切に補修し、その他の設備の交換やメンテナンスを進めるためには、資金的な問題が大きく、何よりも自身の後継者問題があります。城南信用金庫とわれわれから、M&Aを行うことでこういった問題点を解決できる可能性が高いことを説明し、医療法人の今後の経営を担ってくれるお相手を探していくこととなりました。

対象医療法人の分析

　対象医療法人である月宮病院は、東京都の西部に位置しており、創業は1950年、地元で70年近い歴史をもつ病院です。医療法人の代表者である宮城理事長は72歳。父親の代から病院経営を引き継がれています。月宮病院は中規模の病院で、普通病棟で60床を保有し、医療報酬高は約12億円ありました。

　病院は駅前の好立地にあり、内科だけでなく外科などの診療も受けられる、まさに地域を代表する病院でした。

承継者候補探し（マッチング）

この医療法人に関して、城南信用金庫とともにお相手探しに着手しました。医療法人の企業評価書を作成して、お見合い写真となる企業概要書も作成し、全国的な範囲で月宮病院の承継者候補先を探しました。

日本M&Aセンターでは、過去に医療法人の譲受けの実績がある医療法人を中心にマーケティングを実施し、月宮病院の老朽化した建物などを含む経営のすべてを担える比較的規模の大きい財務体質も優良な医療法人を3法人リストアップしました。そして、その3法人について、城南信用金庫とともに宮城理事長へ説明を行いました。

宮城理事長はすぐさま、その3法人のうちの1つであった愛知県の大手医療法人である大正グループに興味を示されました。大正グループは、売上高100億円超を有する大手医療法人グループです。また、大正グループが経営している病院の評判は、遠方ではありながら宮城理事長もよくご存じでした。特に、宮城理事長は大正グループの医師の技能、医療サービス全般や設置する医療機器などについても非常に興味を示されました。大正グループはすでに関東地区にも進出しており、診療科目などに関しても月宮病院との相乗効果が見込まれたため、宮城理事長から、まずはこの大正グループに提案をしてほしいとの意向が示されました。

宮城理事長の意向を受けて、われわれはすぐに大正グループの理事長にアポイントメントをとり、提案のため愛知県へ向かいました。大正グループは日本M&Aセンターからの紹介案件で過去に医療法人を譲り受けた実績があったため、簡単な挨拶の後に早速、月宮病院の企業概要書を提示しました。あわせて、宮城理事長の地域に対する想い、地域医療に対する責任感、病院の現状の問題点などを説明しました。

　すると、大正グループの実質的なオーナー経営者である三木会長（仮名）は、「都内の病院であれば大正グループにとっても非常にありがたいお話です。ぜひ前向きに検討させてください」ということで、１法人の単独マッチングとなりました。また、三木会長からは、「宮城理事長は医師の間でも有名なゴッド・ハンドを有した数少ない名医です。宮城理事長とそのお父様が経営されてこられた月宮病院であれば、しっかりとした医師がそろっているでしょうし、理事長を取り巻くスタッフも非常に優秀な方ばかりでしょう。われわれが前向きに検討します」とほぼその場で成約をしたかのような力のこもったお言葉をいただきました。

トップ面談

　宮城理事長と三木会長によるトップ面談は、両名が地元で著名な方である点と医師同士という名誉を尊重し、都内の高級ホ

テルの一室で行いました。三宅事務長、城南信用金庫の本部担当者と支店長に同席いただき、ややおごそかな雰囲気のなかで行いました。

　トップ面談の冒頭で、宮城理事長から、ご自身に関する後継者の問題、建物とその設備の老朽化が進み地域医療が維持しにくくなっている状況や、隣接する老人ホームの問題などをお話しいただきました。そして、そういった地域医療を代表する父親の世代からの重圧と責任から最近は深く悩んでおり、城南信用金庫に相談したことなどをお話しいただきました。

　三木会長からは、大正グループの説明、グループの経営方針や医療サービス全般についての方針などをお話しいただきました。特に昨今の医療機関経営の厳しさなどから宮城理事長へは非常に共感できる部分が多いことを強調されました。トップ面談はその後も両者が互いに好印象をもちながら進んだため、当初の予定時間を大幅に超過するほど活発な意見交換が行われ、非常によい雰囲気で終了しました。

基本スキーム

　対象医療法人である特定医療法人社団成心堂は、医療法人のなかでも特定医療法人社団のため出資持分がありません。さらには、特定医療法人社団のM＆Aは過去に前例が見当たらず、①事業の引渡しをどのようにするのか、②宮城理事長への退職

金はどのように支払うのかといったM&Aスキームの新たな検討が必要となりました。

　社員と理事、監事を入れかえ、M&A実施後に退任する宮城理事長に、月宮病院から退職金を支払い、この月宮病院からの退職金の原資を大正グループにまかなっていただくということにしました。月宮病院の現状は、宮城理事長に対する多額の退職金を支払えるほどの資金的な余裕もありませんでしたので、ここは大正グループからの借入れを実行しました。

買収監査

　このスキームを対象医療法人の宮城理事長と大正グループの三木会長に説明し、両者にご納得いただくと、その後は比較的スムーズに基本合意契約書の締結まで進むことができました。そして、大正グループの主導で、買収監査へ進みました。

　しかし、この段階で、やや大きな問題点が３つ生じました。

大手不動産会社による賃貸借契約の継続の問題

　１つ目は、月宮病院の土地と建物の両方の名義が、隣接する老人ホームの土地と建物の所有も含め、すべて東京都内に本社を構える大手不動産会社の所有になっていたことです。月宮病院は、この大手不動産会社と賃貸借契約を締結し、賃料を支払いながら経営をしていました。もともと土地も建物もすべて月宮病院が所有していたものの、過去に土地と建物の価格が値上

図表5－1　医療法人の仕組み

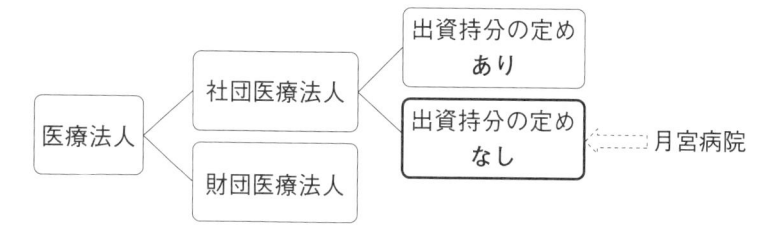

図表5－2　本事例での経営権承継の方法

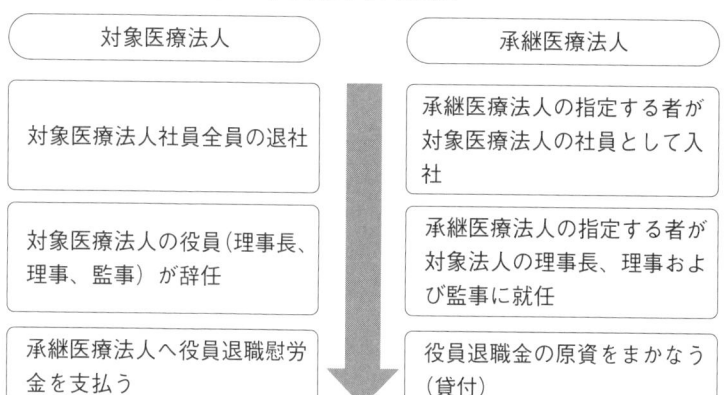

対象医療法人	承継医療法人
対象医療法人社員全員の退社	承継医療法人の指定する者が対象医療法人の社員として入社
対象医療法人の役員（理事長、理事、監事）が辞任	承継医療法人の指定する者が対象法人の理事長、理事および監事に就任
承継医療法人へ役員退職慰労金を支払う	役員退職金の原資をまかなう（貸付）

りした際に、この大手不動産会社に土地・建物のすべてを譲り渡したことから、現在は月宮病院が大手不動産会社から土地と建物を借りているという状況でした。

　土地の譲り渡し後も引き続きその場所で病院を経営しているものの、M&Aによって経営主が交代してしまえば、大手不動産会社からの賃貸借契約の継続が保証されるわけでもありません。月宮病院の土地は駅前の優良地です。

そこで、大正グループの不安材料として指摘されたのは、大手不動産会社は月宮病院の経営主が宮城理事長から大正グループに交代した途端に、賃貸借契約を即座に打ち切ることはしないだろうか、そして、月宮病院をすべて取り壊して駅前の優良地に大きなタワーマンションなどを建設しないであろうか、ということでした。すなわち、大正グループとしては、「大手不動産会社から賃貸借契約を打ち切られてしまったら、大正グループとしては病院を経営できない」「本件を検討するにあたっては、まず大手不動産会社に賃貸借契約をしっかりと長期間にわたって継続することの了解を事前にとってほしい、そうでなければ、賃貸借契約の解約が不安で月宮病院を承継することはできない」ということでした。

　われわれはこの大正グループからの要望を受け、即座に大手不動産会社の本社を訪問し、秘密保持に留意しながらこの不動産会社幹部と面談をしました。不動産会社からは、「月宮病院に隣接する老人ホームに関しては、わが社が経営をしています。逆に月宮病院がなくなってしまったら、われわれも入居者に嘘をついたこととなり本当に困ります。月宮病院には何としても存続していただかなければ、われわれが老人ホームの入居者に対して顔向けと説明ができません。その意味では仮に月宮病院の経営主が宮城理事長から新しい経営主に交代となっても、しっかり月宮病院を経営してくれるのであれば、賃貸借契約はそのまま継続します」という明確な意思表示をしていただ

き、賃貸借契約継続の約束を取り付けました。さらに、「20年以上の長期にわたる定期借地を望むのであれば、それはわが社にとってもありがたいお話です」と積極的な意向も聞くことができました。

　このまま話は順調に進むかと思われましたが、その大手不動産会社とは、その後も頻繁にやりとりが継続することとなりました。なぜなら、大手不動産会社にとっていちばん気になる点は、「いったいだれがこの月宮病院を承継するのか」であり、究極的には、「しっかりと病院を経営してくれるのか、しっかりと賃料を払ってくれるのか、お相手はどこか」ということで、案件の進捗に関する報告を何度も求められ、そのつど、大手不動産会社の幹部のもとに何度も足を運びました。訪問するたびにいわれたことは、「しっかりとした病院の経営主、病院経営のプロに経営してもらいたい」ということでした。

　細かい要求と質問が相次いだために、われわれは話をするだけでは納得を得られないと考え、大手不動産会社の担当役員を連れて大正グループの本社がある愛知県に同行し、大正グループが経営する実際の病院の内部を案内しました。大手不動産会社の役員は、大正グループが経営するその病院の看護師や医療スタッフのサービスの対応を目の当たりにし、結果として大変満足をされ喜んでいました。大正グループが承継することにようやく前向きな意向を示してくれました。

数億円レベルに達する建物の瑕疵（かし）の問題

　2つ目の問題がいちばんの山場でした。大正グループが月宮病院の経営を承継するにあたって、月宮病院の建物の調査を行ったところ、既存建物の瑕疵、具体的には、早急に補修しなければならない建物の補修経費の合計が数億円程度にものぼることが判明しました。先にもあげたとおり、なかでも建物の外壁はいつ剥がれ落ちてもおかしくないほど老朽化が激しく、月宮病院の当時の財務状況が厳しいことを顕著に現していました。そのため資産査定の調整は非常に難航しました。補修が必要な箇所の緊急度を優先づけし、優先度の低い部分に関しては承継後の医療法人の収益状況を勘案しながら少しずつ進めていきましょうと説明を行いました。さらに宮城理事長に対する退職金額を若干調整させることによって、大正グループの了解を得ていきました。

　こうして、大きなトラブルが発生することやコミュニケーションが悪化することもなく、大手不動産管理会社や大正グループと一緒に本案件を進めていきました。

　トップ面談以降における交渉の当初は特に、愛知県を基盤とする大正グループのすばらしい病院経営が際立ったようすであり、宮城理事長からも本当にいいお相手を紹介いただいたと感謝されました。

信用金庫との金融取引が継続されるかどうかという問題

　最後に、ご紹介信用金庫である城南信用金庫から懸念事項が

示されました。支店長からの、「よくよく考えてみれば、大正グループのような財務体質が非常に優良で、キャッシュリッチな医療法人が月宮病院を経営することになれば、城南信用金庫が有する貸出金は一度に返済され、融資取引がすべてなくなるのではないか」というものでした。

　しかしながら、大正グループにはそのような意向はまったくありませんでした。むしろ城南信用金庫は大正グループの三木会長などにも非常に感謝され、「よくぞ月宮病院や宮城理事長のお気持ちをそのまま放置することなく、本当にしっかりとサポートしてくださいました。日本M＆Aセンターと連携して、宮城理事長の後継者問題に適切に対応し、本件を愛知県のわれわれのところまでわざわざもってきてくれて、本当にありがとうございました」と感謝されました。さらに「これからはこれまでの東海地区のみならず、関東地区においても、病院や介護事業を積極的に展開していきたい。城南信用金庫とはこの機会をご縁に引き続き末永い取引を望みたいし、地元におけるより多くの情報をいただければありがたい。また、今後の月宮病院は病院建物の補修を中心にたくさんの資金が必要となりますので、地元の金融機関である城南信用金庫との深い取引を望んでおります」という言葉があり、安心して最終契約を迎えることができました。

最終契約書の調印は、月宮病院の会議室にて対象医療法人からは宮城理事長・三宅事務長、承継医療法人からは三木会長、城南信用金庫支店長にも同席をいただきました。

調印式のご挨拶では、後継者問題で宮城理事長がずっと悩んでいたことや、地域医療にかける想い、父親の代から受け継いだこの月宮病院を何としても継続させたかったという想いなどをお話いただきました。三木会長と初めてお会いしたトップ面談以降も、事業承継の本質について深く考えたことや家族とも今回の事案について何度も相談をしたことなどをお話されました。そして、挨拶の最後には、取引金融機関の支店長に相談して本当によかったと深い感謝の言葉をいただきました。

M&A実施後の状況

大正グループによるM&A実施後から約1年は宮城先生も診察にあたっていたようですが、その後引退され、先生の引退時には城南信用金庫の支店長とともに、私もご挨拶に伺いました。宮城先生からは今回の大正グループによるM&Aについて本当に感謝されました。

月宮病院の経営は非常に順調で、補修の喫緊度の高かった外壁はすぐさま全面的に張り替えを実施し、病院の建物の外観は

とても明るい雰囲気になりました。天井に埋め込まれた空調設備や床のタイルも全面的に改装され、事務スタッフが以前よりもとても明るい表情で勤務されています。病院全体の照明設備も全面改装がなされていました。

また、宮城先生は、いまでも病院の近所を歩いていると、地元の方に「先生、先生！」と声をかけられ、懐かしい患者の方からは、「今日は聴診器をもっていないのですか」と冗談をいわれるとのことでした。宮城先生のその表情は後継者問題で悩んでいた頃とはまったく異なり、とても明るく美しい表情をされていました。

本事例からの学び—信用金庫の役割

信用金庫支店長の責任感と本部のサポート力

本事例で得られた教訓とポイントは大きく3つあります。

1つ目は、承継を実施する際に初めて退職金スキームを活用しましたが、われわれは城南信用金庫の協力を得ながら大きなトラブルもなく進めることができました。城南信用金庫としては、医療法人M&Aの実績をつくることができ、結果として地域医療を代表する月宮病院を廃業に追い込まずにすみました。宮城先生の家族も、月宮病院という看板も、地域の高齢者にとって大切な存在である病院施設も、城南信用金庫のサポートによってすべて残すことができました。支店長の責任感と本部

のサポート力の連携は本当にすばらしいものだったと思います。

建物や設備の手当と人材確保

2つ目は、病院建物の老朽化と病院経営における人材面についてです。老朽化については、建物の裏側や目にみえない内部など実際に入ってみないとわからない部分がたくさんあります。受付や階段といったふだん患者の方が過ごす場所はとてもきれいにされているものの、一見しただけではわからない部分の老朽化が進んでいるケースはたくさんあります。さらには、不動産のコンサルタントといった建物施設を点検する専門家がみれば、より多くの瑕疵や老朽化している部分が次々と発見されます。医療法人の代表者である理事長の高齢化や資金的な問題などにより、このような建物設備や医療機器の老朽化の問題を抱えている病院は全国にまだまだたくさんあります。日本は高齢社会を迎え、今後も地域医療を必要とする人がますます増えてくるなかで、病院経営の生々しい現状をあらためて感じさせられました。

加えて、病院経営における人材面については医師や看護師不足が深刻です。これは人口の多い東京都の病院であっても同様の課題です。東京都以外のその他の地域であればより厳しい状況かと思います。医師がいない、看護師がいない、医療事務スタッフが採用できないなどより多くの人材面における課題を抱えており、人材の不足に伴う過重労働などがなされていないか

を判断することがM&A検討に際しては必要となってきます。

お客様の悩みに真摯に向き合い対応する

　３つ目は、地域金融機関である城南信用金庫の支店長が宮城先生の悩みを適切にくみとって、しっかりと本部に情報をつないだことだと思います。支店長は、理事長と事務長から後継者問題や建物の老朽化問題などの話を聞いて、地域に対する責任感からしっかりと適切な対応をしました。営業店の支店長として大変忙しい状況ではあったと思います。本部に情報をつながずにそのままの状態で放置することもできたはずです。実際、事業承継問題に対する具体的な対応がわからずそのままになっている支店長もいらっしゃると思います。しかし、本事例を担当した支店長は違いました。対象医療法人の理事長や事務長の話を適切にくみとって、本部にきちんとつないで、日本M&Aセンターと連携して事業承継問題に適切な対応を行ったのです。その結果、大正グループとのトップ面談が実現し、最終的には地域医療を代表する病院施設が地域に存続することとなりました。これは支店長の地域に対する責任感そのものだと思います。支店長の地域に対する愛情や地域に対する思い入れとそのきっかけが本当に重要であり、信用金庫が今後、事業承継問題に取り組んでいくにあたっての非常に大きなポイントになります。

　企業風土が合致し、企業同士の相乗効果（シナジー効果）を適切に発揮できる相手をいかに見つけるかというマッチングは、M&Aで最もむずかしいテーマといえます。これまで別の道を歩んできた企業同士ですから、企業風土や経営理念が合致するというのは、非常にむずかしいことです。

　日本M&Aセンターでは、担当コンサルタントが譲渡希望情報を全社で共有できる社内データベースに登録し、300名を超すコンサルタント全員の知見を集結させて、最も相乗効果のあるお相手を検討していきます。日本M&Aセンターの社内データベースは、全国の企業ニーズが数万件登録されており、基幹システムを用いることで最適なマッチングを行うことができます。また、信用金庫をはじめとした地元密着型の金融機関がもつネットワークの力を借りることもあります。

　よいマッチングをするためには、譲渡対象企業の強みをアピールすることはもちろんですが、弱みもありのままに伝え、シナジー効果が見込める根拠をしっかりと示すことが重要です。シナジー効果を伝えるためには、M&Aの基本となる類型を整理しておくとよいでしょう。主な類型は下記のとおりです。

① 　同業他社とのM&A（水平型M&A）
② 　川上・川下への進出（垂直型M&A）
③ 　周辺分野・新規事業分野・成長分野への進出

①「同業他社とのM&A」が最もわかりやすいタイプです。これは、同業同士のM&Aにより、業界内または特定地域におけるシェアを向上させることとなり、業界内または地域内における存在感を強めることが期待できます。

　②「川上・川下への進出」とは、たとえば、製造業が卸売業や小売業などに進出すること、または小売業や卸売業が製造業などに進出することです。これは、M&Aによって、自社にない機能を入手することができるため、同業同士のM&Aと同等のシナジー効果が見込めます。

　③「周辺分野・新規事業分野・成長分野への進出」においては、自社の既存事業周辺の事業分野での買収が最も効果的です。たとえば、夏に繁忙期を迎える企業が冬に繁忙期を迎える企業を買収することで従業員や設備といった経営資源を効率よく動かすことができます。中小企業は経営資源が満足にない状況であることも考えられますから、M&Aによって新たな経営資源を獲得し、有効に補完しあうことにより、単純に合算した以上の効果を発揮することが期待できるのです。

第6章

事業承継対策における
ヒヤリとした事例

──株券の買取りに難航した事例
（三条信用金庫）

本事例の概要

　今回の三条信用金庫における事業承継の事例は、お客様へ事業承継対策への取組みをご提案したところ、結果として、思いもしない方向に発展してしまった事例です。本事例は、全国の信用金庫の取引先のなかでも似たような事例が起こりうる可能性が十分にあると思いますので、本事例を通じて得た教訓を読者の皆様へも共有したいというのが私の思いです。

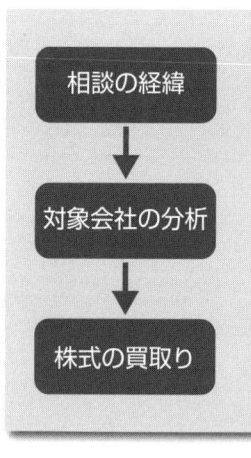

相談の経緯	支店長が金庫内で開催された職員向け事業承継・M&A研修会で聞いた「簡易企業評価サービス」を社長に勧めた
対象会社の分析	・業績は比較的好調だが会社の後継者が見当たらない ・筆頭株主と音信不通
株式の買取り	結果として思いもしない方向に発展

対象会社の基本情報

[株式会社ウメタケ (仮称)]

創 業 ・ 設 立	2008年設立
資 本 金	約1億円
株 主	松田社長(現社長・仮名)、竹本氏(前社長・仮名)
代 表 者	代表取締役松田社長 (仮名、70歳)
事 業 内 容	製造業・県内に工場を保有
直 近 売 上 高	約1億円 ※昨今の業績は非常に安定
従 業 員 数	常勤役員2名、正社員約20名

関係者と株主構成

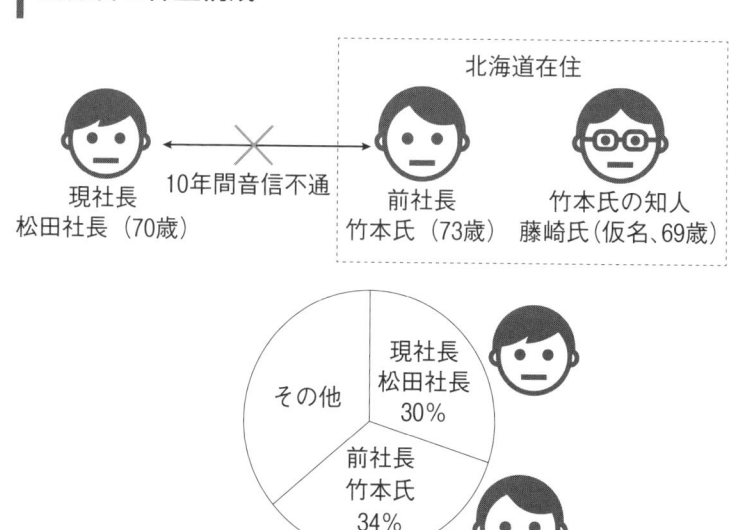

本事例のスケジュール

日　程	手　続
2016年 8 月上旬	三条信用金庫にて著者の講師による全支店長向け研修会を開催
2016年10月上旬	ウメタケへの簡易企業評価サービスを実施
2016年11月上旬	松田社長より株式の現状について相談を受ける
2016年12月上旬	竹本氏へのアポイントメントを試みる
2017年 2 月上旬	竹本氏と面談
2017年 3 月下旬	藤崎氏と面談
2017年 4 月上旬	資金決済

この事例は秘密保持に配慮し、一部加工・修正して掲載しております。

対象会社の概要

　今回の対象会社である株式会社ウメタケ（仮称）は、新潟県内に本社を構える創業約40年の製造会社です。ご相談の依頼主である松田社長は70歳で、10年前に前社長から経営を引き継ぎました。

　ウメタケは新潟県内に工場を保有し、社員数はパートを含めて約20名おり、年商は約１億円、昨今の業績は比較的好調を維持しています。

　本事例において、ウメタケに関する重要なポイントが４点あります。

本事例の重要ポイント

①　発行済株式総数は1,000株

②　株券の「発行会社」であり、実際に株券現物も発行している

③　主要株主は２名

　　ウメタケの松田社長（30％）と前社長の竹本氏（34％）

④　株式の譲渡制限を有する（取締役会）

　直近10年程度、ウメタケは比較的安定的な業績を確保していました。しかし、松田社長は今年で70歳。三条信用金庫で取引を担当していた支店長は、ウメタケ内の次期社長に適任の人材がいないように思われたことから、後継者不在の可能性も高いと考え、事業承継対策への取組みを提案することにしました。

　その提案の入口として、まずはウメタケの株価を算出するため、日本M&Aセンターが提供する無料の「簡易企業評価サービス」の利用を提案しました。

職員向けM&A研修会からヒントを得て提案した「簡易企業評価サービス」

　三条信用金庫の支店長がウメタケに「簡易企業評価サービス」を提案することを思いついたきっかけは、私が講師を務めた職員向け研修会でした。私はその職員向け研修会のなかで、後継者問題に悩んでいる取引先社長がいらっしゃったら、「簡易企業評価サービス」の提案をしてみてほしいと話していました。この研修会を受講していた支店長は、「営業店の重要顧客であるウメタケの業績は好調ではあるが、松田社長には後継者がいないのではないか」との疑問をもたれたそうです。

　そして支店長は早速、ウメタケの松田社長と会い、日本M&Aセンターが無料で提供している「簡易企業評価サービス」を利用して株価を算出することを提案したのです。支店長の意図

としては、ウメタケは業績も好調で、信用金庫にとっても非常に大切なお客様でもあるため、事業承継問題の相談と提案を通じて、取引のパイプをさらに太くしたいということでした。ところが、これをきっかけとして思いもしない展開となっていったのです。

「簡易企業評価サービス」の算出結果の持参をきっかけに突然悩みを打ち明けられる

三条信用金庫から日本M&Aセンターへウメタケの決算書が送付され、1週間ほど経った頃、「簡易企業評価サービス」の算出結果が出ました。そして、この算出結果をもって、三条信用金庫の支店長と本部担当者と私の3人で、ウメタケの松田社長のもとへ簡易企業評価サービスの結果および株価の説明のために訪問しました。

この時に松田社長がいわれたのは、「私もすでに70歳で、会社の後継者がいません。会社としては、そろそろ事業承継の準備をしなければいけません。いまのこのウメタケを未来永劫存続させるために、これから本気で取り組まなければいけないと思っています」ということでした。

さらに、「しかし、今後の当社の事業承継を検討するにあたって、実は株価そのものよりも大きな問題を抱えています。今後、ウメタケの事業承継問題に取り組んでいくためには、株価そのものよりも、まずはそちらから手をつけなくてはなりません。これはもう避けて通れないんです」とのことでした。つ

まり、ウメタケには企業評価の結果、数値そのものよりも、もっと根本的で根深い問題があることが松田社長から告げられたのです。

対象会社の分析

　対象会社であるウメタケは、ここ10年程度は非常に安定した業績を確保しているものの、それまでの業績は低迷しており、過去は債務超過の状態にありました。ここ10年にわたる業績回復の理由は、松田社長の経営手腕に起因する部分が大きかったといえます。10年前に松田社長が社長職に就いてから、債務超過の状態であったウメタケの業績が急回復したという経緯がありました。

　松田社長と創業者であり前社長である竹本氏は、10年間音信不通の状態が続いていました。なお、竹本氏は現在、北海道に在住しており、ウメタケの本社がある新潟県とはかなり距離が離れています。

　松田社長から告げられたのは、実はその竹本氏がウメタケの現在の筆頭株主であるということでした。その持ち株数は発行済株式総数1,000に対して340株の34％、3分の1超に及んでいました。つまり、筆頭株主である竹本氏と松田社長は10年間も音信不通であるため、会社をどうにかしたいと思っても、必要な株式（議決権）を集めることができない状態にあったのです。

しかし、ここで匙を投げるのではなく、今回のご相談をきっかけにしっかりサポートしていきたいという三条信用金庫の気持ちは変わりませんでした。

株主構成の問題

図表6－1は、対象会社であるウメタケの税務申告書「別表2」から抜粋した内容です。筆頭株主は創業者で前社長の竹本氏で73歳、北海道在住、発行済株式の34％を保有しています。竹本氏は10年前に社長を辞任し、松田社長に職を譲りました。一方、松田社長は新潟県出身で、保有株式は300株、保有割合は30％です。

図表6－1　ウメタケの税務申告書「別表2」

株主名	住所	持株数	持株比率	備考
前社長 竹本氏 （創業社長） 73歳	北海道	340株	34.0％	10年前に代表辞任
現社長 松田氏 70歳	新潟県	300株	30.0％	竹本氏とは10年間音信不通
その他株主 2名合計	―	360株	36.0％	―
合　計	―	1,000株	100.0％	―

（注1）　株券発行会社。実際の株券現物を発行している。
（注2）　株式譲渡制限あり（譲渡の場合、取締役会決議が必要）。

また、ウメタケは株券の現物を発行しています。株式の譲渡制限があり、ウメタケの株式を譲渡で取得するには、ウメタケの取締役会の承認が必要となります。

松田社長からの事業承継に取り組むにあたっての相談内容

　ウメタケの事業承継に本格的に取り組んでいくにあたり、松田社長からは、ウメタケの業績も安定してきたため、まずは松田社長個人もしくはウメタケにて竹本氏が保有している株式340株のすべてを買い取りたい、つまり、ウメタケが発行した、竹本氏が保有していると思われる株券の現物を取り戻したいとのことでした。また、買取金額については柔軟に対応するとの意向でした。松田社長としては、ご自身もすでに70歳とな

図表6－2　本事例の内容

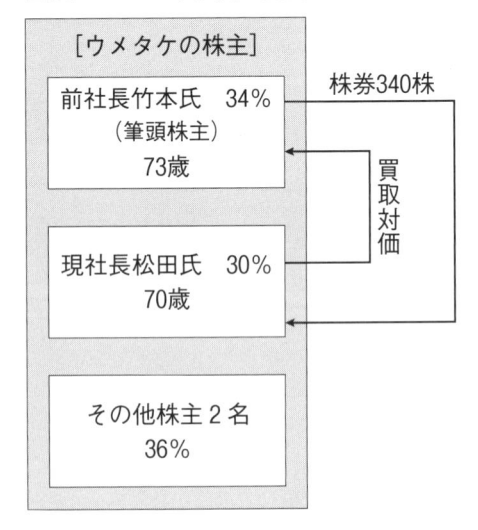

り、会社の後継者もいないため、事業承継を検討するにあたっては、まずはこの問題にきちんと取り組もうという強い想いがありました。

　竹本氏に340株分の現物株券の買取要求をしていくにあたり、「対価（買取金額）」の問題となるのは間違いないと思われました。そのため、まずは松田社長は、先に依頼した簡易企業評価の結果をもとに、株式買取りの価格などについて十分に検討されました。あわせて、ウメタケの会社登記簿謄本・定款・過去の株主の変遷などの事前確認作業を進めていきました。

スクイーズアウトの検討

　こうして株主問題の解決に向けて現状確認を進めた結果、スクイーズアウト（株主の強制的排除）が可能かどうかを検討することになりました。「スクイーズアウト」は覚えておいてほしいキーワードの1つ目です（図表6－3）。スクイーズアウトを実施すれば、10年間音信不通である北海道在住の竹本氏とのむずかしい交渉を回避できる可能性があったためです。

　しかし、竹本氏は「筆頭株主」であり、保有比率も34％あります。ウメタケの株主総会の議決承認は株式を3分の1超保有している竹本氏の承諾（特別決議）が必要な状況です。本事例の場合、スクイーズアウトは株主総会決議、つまり筆頭株主である竹本氏の承認が必要なため不可能でした。つまり、残された方法は、竹本氏との相対交渉しかありませんでした。

図表 6 - 3 　スクイーズアウトの方法

方法	概要	選択できる 要件・注意点等
全部取得条項付種類株式を用いる方法	既存株式を全部取得条項付種類株式に変更し、他の種類株式を対価として、既存株式を取得する。少数株主には、対価の株式が端数株式のみとなるように調整する。端数株式の売却代金を少数株主に交付する	・株主総会の特別決議が必要 ・少数株主の株式が端数のみとなるように対価または株式併合の割合の調整が必要 ・端数株式を売却するには、裁判所の許可が必要 ・新株予約権を対象とすることができない
株式併合を用いる方法	少数株主が所有する株式が端数株式のみとなるよう株式を併合する。端数株式の売却代金を少数株主に交付する	
株式等売渡請求	総株主の議決権の90%以上を所有している株主が株式会社を通じ他の株主に対し自身に株式を売り渡すよう請求する。株式会社の承認が得られれば、株式の譲渡が成立する	・総株主の議決権の90%以上を原則、1者で保有していること ・新株予約権も対象とすることができる ・株主総会の決議は不要
金銭を対価と	合併および株式交換の	・組織再編する相手が必

する合併	対価を金銭とすることにより、既存株主に株式をもたせない	要
金銭を対価とする株式交換		・原則、当事者双方の株主総会の特別決議が必要

前社長竹本氏（筆頭株主）へのアプローチ

　10年間の音信不通先という点に細心の注意を払いながら、筆頭株主の竹本氏へアプローチを行いました。まずは、竹本氏の自宅へ電話番号を記載した丁重な書面を送付しました。その後、竹本氏の自宅へ電話アプローチを行いましたが、いつかけても竹本氏は電話に出てくれません。

　その後も電話をかけ続け、2カ月くらい経過した頃、「あなたは何者ですか」といった感じでとても警戒をしているようすの電話があり、ようやく竹本氏のアポイントをとることができたのです。

　竹本氏は、翌月に北海道から新潟に来る用事があるとのことでした。そこで、新潟市内にて竹本氏と初めて面談することになりました。

前社長竹本氏（筆頭株主）から衝撃的な事実を伝えられる

　依頼者であるウメタケの松田社長と筆頭株主である前社長の竹本氏の間が10年間も音信不通であるということを勘案し、竹

本氏との面談冒頭では、松田社長からの相談の経緯や面談の目的などを端的に伝えました。

思いのほか、竹本氏との面談は終始なごやかな調子で進んだため、「ここまでくれば、あとは株券の売買金額面などの条件だけ」と思いきや、竹本氏から保有する株券（340株）の現状に関し、衝撃的な事実を伝えられました。

株券の現物は借金の担保になっていた

前社長でありウメタケの筆頭株主である竹本氏がいわれたことは、「いろいろ思うところはあるけれど、私ももう73歳だから、最後くらいはというのが正直なところだ。ただ、340株の株券は私のところにはない。4年前に借金の担保として札幌市内に在住の藤崎氏（69歳）に渡した。私にはどうすることもできない」ということでした。

そして、さらに追い打ちをかけるように、竹本氏からもう1つの問題点を伝えられました。その内容は、「知人の藤崎氏とは株券を渡して以来4年ほど会っていない。ただ、最近になって連絡があり、ウメタケの株券340株を北海道の旭川市内の知人に担保として渡して金を借りようと思うといっていた。私も積極的に協力するが本件は少し早く進めたほうがいいかもしれない」といわれたのです。

ウメタケの松田社長に対して最初は比較的軽い気持ちで簡易企業評価の実施を提案したものの、疎遠になっている竹本氏が株券340株を保有しているという話になり、非常に苦心してア

図表6-4　株式会社ウメタケの株券の現状

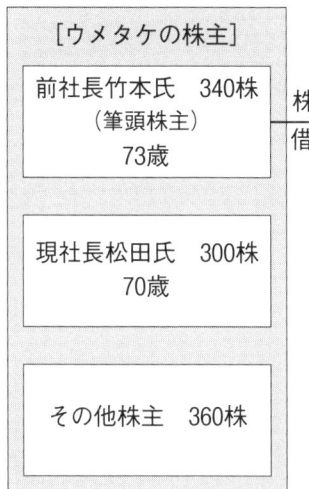

株式会社ウメタケ

[ウメタケの株主]

前社長竹本氏　340株
（筆頭株主）
73歳

株券340株
借金の担保

知人の
藤崎氏
（札幌市在住）
株券

さらに

藤崎氏
の知人
（旭川市
在住）

現社長松田氏　300株
70歳

・株式会社ウメタケの34％の株券340
株は、前社長竹本氏の知人の藤崎氏
が占有
・藤崎氏からさらに知人に譲渡されよ
うとしている

その他株主　360株

・ウメタケ松田社長から遠のくばかり

ポイントメントをとった結果、肝心の竹本氏からは「実は私は株券を保有していない。札幌市内の藤崎氏が占有している」といわれ、そしてさらに遠方の旭川市内の人の手元に行こうとしている。

　ウメタケの株券は想定していた場所にはなく、松田社長からどんどん離れていってしまおうとしている、という事実がわかりました。

われわれと信用金庫の一致団結

　ウメタケの株券の現状を知った三条信用金庫は、この思いもしない展開に大変驚いていました。ただ、ウメタケの松田社長

は三条信用金庫の長年にわたるお取引先です。このまま放っておくわけにはいきません。信用金庫内の関連部署が一致団結して、ここは全力をあげて問題を解決しようと心に誓いました。知ってしまった以上、早急に何とかしなければならないと、関係者全員が腹をくくり、連携を密にして秘密保持を保ちながら進めていきました。この時の結束は本当に固いものでした。そしてわれわれも含めて本事例の関係者全員が本当に一枚岩となりました。

株式の善意取得

いくら対象会社に「株式の譲渡制限」が付されているとはいえ、株券現物の占有者である藤崎氏が今後なんらかの権利を行使をしてくることは間違いありません。対象会社の業績が向上すればするほど、企業価値が向上するため（株価が上昇するため）、そのリスクは非常に高まっていきます。その場合、藤崎氏は株券の正常取引いわゆる「善意取得」を主張してくることも想定され、そうなれば、対象会社に対して株券（340株）の買取りを請求してくることは確実です。会社業績の向上（企業価値の向上）に伴って、1株につき100万円などの法外な買取金額を請求されるケースもあり、そうなれば裁判の長期化は避けられません。

また、裁判が長期化すれば、取引先も離れ、会社の信用問題となってきます。そのような状況になれば、債権者である三条信用金庫の立場としても非常に大きな問題となってしまいま

す。株式の「善意取得」も、覚えておいてほしいキーワードの2つ目です。

　株主が不安定であれば、取引先への信用不安も問題になってきます。そして最終的にはウメタケが金額面で妥協することとなり、高い金額を要求されるおそれもあります。

　また、そのまま放っておけば、さらに株券が分散し、株主も分散していくことにつながります。株券が反社会的勢力に絶対に渡らないとはいえません。そのような勢力は全員がグループとなってやってくるわけです。加えて、足元のウメタケの業績は比較的好調を維持しているため、企業価値の向上と株価上昇のリスクが非常に伴っている状況です。複数のグループで来られると収拾がつかなくなり、最悪はウメタケの倒産につながってしまいます。竹本氏の協力を得てすぐに札幌市内の藤崎氏に連絡し、藤崎氏と面談の機会を得ることにしました。

　札幌市内に在住の藤崎氏に対しても、竹本氏の場合と同じような書面でアプローチを行い、連絡をとりました。藤崎氏の場合は竹本氏の場合と異なり、比較的容易にアポイントメントをとることができました。

株式の買い戻しと資金決済

　ついに藤崎氏との面談を迎えました。筆頭株主である竹本氏が保有していた実際の株券340株は、間違いなく藤崎氏が保有

していました。藤崎氏は札幌市内の地主で、大変紳士的で几帳面な印象の方でした。

ウメタケの株券340株を自宅の大きな金庫から出してこられ、「竹本氏には昔から非常にお世話になった。竹本氏から担保としてウメタケの株券の現物を預かっていることも間違いない」といわれました。そして、債権額元本と利息を用意してもらえれば、預かっている株券現物340株は間違いなく返還するとの意向でした。また、法外な金額を要求されることもなく、「適正な金額」での売買を希望されました。株券の現物をすべて撮影した後、藤崎氏に旭川市内の知人には当面は譲渡しない旨を約束してもらいました。戻ってからは、買取額の交渉がなされました。

ようやく藤崎氏から売買金額面で応諾をもらうことができた後、後日になってトラブルがないよう、契約書を作成しました。

株券340株の現物については、最終的に、松田社長個人が買い取ることとなり、買取資金は三条信用金庫から新規の融資を実施して対応しました。

資金決済日当日は、札幌市内の藤崎氏の自宅を再度訪問し、まずは藤崎氏に契約書へ押印してもらい、株券340株の現物をすべて再確認した後に、三条信用金庫からの振込入金を実施しました。支店長も含めた関係者と積極的に連携し、何とか滞りなく最終の資金決済手続を完了しました。決済を無事に終える

ことができ、関係者一同、心から安堵しました。

そして、藤崎氏から回収した株券の現物を受け取った松田社長は、「一時は夜も眠れなかったけれど、本当によかった」と涙ぐまれて、この現物の株券を何度も胸に当てられ感謝の言葉を繰り返し述べられました。

本事例を機に、三条信用金庫とウメタケの取引のパイプはさらに太くなり、本当に感謝されました。最後に松田社長は、「今回、私は本当に高い授業料を払ってしまった。10年間の株主間の音信不通は素直に反省しようと思う」と述べられました。

こうして、ウメタケは、事業承継問題への取組みをやっとの思いで本格的にスタートさせることができました。

本事例からの学び―信用金庫の役割

本事例から得られる教訓、あるいは信用金庫としては何をすべきか考えてみると、やはり、与信管理として、取引先との取引においては普段から税務申告書「別表2」をしっかり確認してほしいということです。

たとえば、本事例は、新潟県に本社のある会社の筆頭株主が北海道に在住し、保有割合34％（3分の1以上）の株式を保有している、つまり、定款変更などの株主総会の特別決議を否決できる権限のある筆頭株主が、新潟県のはるか遠くに住んでい

るということは、なんらかの事情や理由があるはずです。何も
なければ問題ありませんが、結果的に本事例では、上位2名の
株主は10年間も音信不通であったことが大きな壁となり、事業
承継相談の進捗を阻みました。

　では、与信管理として「別表2」をどのような着眼点でみる
べきでしょうか。

「別表2」において着目すべき7つのポイント

・株主欄がすべて記載されているか

・故人、病人、長期間にわたる音信不通の株主はいないか

・社長は株主全員と良好なコミュニケーションをとれている
　か

・株主が多すぎないか

・別表2に記載されている株主全員の保有株式数と発行済
　株式総数が一致しているか

・社長は株主全員から容易に実印をもらえる状況にあるか

・株主に後継者が含まれているか

　このような着眼点で普段から管理していくことが大切です。
この確認がいかに重要な作業であるかということが、本事例か
ら学べるポイントの1つではないかと思います。

　税務申告書の「別表2」には、お客様からの事業承継に関す
るメッセージやヒントが隠れています。また、事業承継問題の
ヒントも数多く含まれています。不明な点などをそのまま放っ

ておくことは絶対にいけません。これが私から信用金庫の皆様に伝えたいメッセージです。

　今回の事例は最終的に買主に100％の株式を譲渡することができ、信用金庫との積極的な連携や関係者全員が一枚岩となったことで、効果的なコミュニケーションを発揮できました。

巻末資料

全国信用金庫事業承継・M&A研究会　開催実績
～しんきんファミリー～

※役職名は当時のまま

　「全国信用金庫事業承継・M&A研究会（しんきんファミリー）」は、日本M&Aセンターと一般社団法人金融財政事情研究会との共催により、例年5月と11月に定期的に開催しています。各信用金庫の取組状況や事例の発表を中心に行っており、第4回からは、日本M&Aセンターとの協働実績や、組織体制づくり・人材の育成において功績が顕著であった信用金庫へ、例年5月のしんきんファミリーにて顕彰を行うこととしています。

〈第1回〉2014年11月26日（水）
「**信用金庫における事業承継・M&A業務と人材育成について**」

日本M&Aセンター 常務取締役　**大山　敬義**

事業承継・M&Aご担当者様によるパネルディスカッション
「**各信用金庫様における事業承継・M&A業務の取り組みの現状について**」

　　パネラー：北見信用金庫 業務部 次長　　　　　　　**岡村　勝英** 様

　　　　　　　西武信用金庫 業務推進企画部 推進役　　**鈴木　優輝** 様

　　　　　　　浜松信用金庫 法人営業部 課次長　　　　**島津　一曉** 様

　　進　　行：日本M&Aセンター 執行役員 金融法人部長　**鈴木　安夫**

「**信用金庫向け@ネット（現・&Biz）業務のご紹介ならびに今後の取り組みについて**」
「**日本M&Aセンターへの出向者様による出向体験談のご発表**」

　　ご発表者：京都中央信用金庫 営業推進第一部 係長　　**中井　忍** 様

〈第 2 回〉2015 年 5 月 26 日（火）

「信用金庫における情報プラットフォームの構築とサポート体制について」

日本M&Aセンター　代表取締役社長　三宅　卓

「事業承継相談業務における心構えと留意点について」

株式会社青山財産ネットワークス　代表取締役社長　蓮見　正純　様

「@ネット（どこでも事業引継ぎサポートシステム、現・&Biz）のデモンストレーション」

「浜松信用金庫におけるM&A業務の立ち上げと浸透について」

浜松信用金庫　法人営業部　地域活性課　課長　大隅　芳彦　様

〈第 3 回〉2015 年 11 月 17 日（火）

「城北信用金庫における事業承継・M&A業務に関する人材の育成について」

城北信用金庫　採用研修部　部長　枝村　治信　様

「三島信用金庫における成功事例のご発表」

「@ネット（どこでも事業引継ぎサポートシステム、現・&Biz）の成功事例」

株式会社日本M&Aセンター　@ネット事業部　山内　宏至

星野　創

宮原　弘樹

「北見信用金庫における事業承継・M&A業務の立ち上げと浸透について」

北見信用金庫　理事長　太布　康洋　様

第3回目開催時の様子。
37金庫、53名の方にご参加いただきました。

〈第4回〉2016年5月24日（火）

事業承継・M&Aご担当者様によるパネルディスカッション

「**各信用金庫様における事業承継・M&A業務の取り組みの現状について**」

　パネラー：横浜信用金庫 ふれあい相談室 主任調査役　**丸本 秀男** 様

　　　　　　多摩信用金庫 価値創造事業部 主任調査役　**根津 高博** 様

　　　　　　岐阜信用金庫 成長戦略部 副調査役　　　　**鈴木 英一** 様

　進　　行：日本M&Aセンター 執行役員 金融法人部長　　**鈴木 安夫**

「**各信用金庫における成功事例のご発表**」

　　　　　　　焼津信用金庫 地域貢献部 部長　　　　　**南條 和義** 様

　　　　　　　京都中央信用金庫 営業推進第一部 係長　**中井 忍** 様

「**&Biz**(どこでも**事業引継ぎサポートシステム**)を**活用した譲渡案件のご紹介**」

「**日本M&Aセンターへのご出向者様による出向体験談のご発表**」

　　　　　　　　　　　浜松信用金庫 法人営業部　**石原 淳生** 様

「**しんきんファミリー表彰式**」

しんきんファミリー表彰式

受賞　城北信用金庫

［受賞理由］

　M&Aシニアエキスパート資格者を72名（当時、全国の金融機関でトップクラスの保有者数）養成。2016年2月には、日本M&Aセンターとの共同案件として、飲食店の案件を成約（本書第4章事例）。また、M&Aシニアエキスパート試験の合格者全員を本店に集め、『合格証書授与式』を開催し、職員のモチベーションアップを図るなど、さまざまな工夫をされています。

〈第5回〉2016年11月24日（木）

「長野信用金庫における事業承継業務の取り組みについて」

　　　　　　　　　　　長野信用金庫 融資部 調査役　山田 義徳 様

「城北信用金庫における成功事例のご発表」

「&Biz（どこでも事業引継ぎサポートシステム）の活用事例のご紹介」

「西武信用金庫における事業承継・M&A支援について」

　　　　　　　　　西武信用金庫 業務推進企画部 調査役　鈴木 優輝 様

〈第6回〉2017年5月25日（木）

「京都中央信用金庫における事業承継・M&A業務に関する人材の育成について」

京都中央信用金庫 執行役員 営業推進第一部長　井上　克巳　様

「&Biz（どこでも事業引継ぎサポートシステム）のご紹介」

「福岡ひびき信用金庫における事業承継・M&A業務の立ち上げと浸透について」

福岡ひびき信用金庫 専務理事　豊饒　誓司　様

「しんきんファミリー表彰式」

しんきんファミリー表彰式

受賞　岐阜信用金庫

[受賞理由]

　信用金庫内での啓蒙活動を強化。日本M&Aセンター社員を講師に職員向け研修会を地道に継続、地元の後継者不在企業に対する継続的なアプローチから営業店職員との同行訪問を積極的かつ継続的に実施。その結果、昨年度の日本M&Aセンターとの協働受託件数は5件以上となり、2016年度は全国の信用金庫でトップクラスの実績を確保。

受賞　京都中央信用金庫

[受賞理由]

　M&Aエキスパート資格を570名以上養成（当時、全国の金融機関でトップクラスの保有者数）。2016年の8月には、日本M&Aセンター社員が講師を務め、M&Aエキスパート資格者を対象としたブラッシュアップ研修を開催。より多くの有資格者養成のため、職員向けの事業承継・M&A研修会を継続的に開催。日本M&Aセンターとの共同案件としては、製造業の案件を成約。

〈第 7 回〉2017年11月22日（水）

「三条信用金庫における事業承継の相談事例」

三条信用金庫 常務理事　陣内　純英　様

「城南信用金庫における成約事例（医療案件）のご発表」

「しんきん＆Biz（どこでも事業引継ぎサポートシステム）を活用した成約事例のご紹介」

「日本M&Aセンターへの出向者様による出向体験談のご発表」

福岡ひびき信用金庫 企業コンサルティング部

事業承継・M&A支援準備室 室長　小園　英俊　様

〈第 8 回〉2018年 5 月23日（水）

「北海道信用金庫における合併後の戦略について
　～事業承継・M&A業務の観点から～」

株式会社しんきん北海道金融センター 代表取締役社長　風間　隆之　様

「中小企業の現状を踏まえたこれからのコンサルティング機能の発揮について」

城北信用金庫 理事長　大前　孝太郎　様

「しんきん＆Bizの目指す未来」

アンドビズ株式会社 代表取締役社長　大山　敬義

「しんきんファミリー表彰式」

しんきんファミリー表彰式

2017年度に人材の育成を通じた体制の整備や事業承継・M&A案件の情報開発・案件の協働受託・案件の成約などに関して顕著な功績のあった5つの信用金庫様を表彰いたしました。

飯能信用金庫　さわやか信用金庫　城北信用金庫
新潟信用金庫　浜松信用金庫

第8回開催時の会場の様子。
41金庫、74名の方にご参加いただきました。

おわりに

事業承継・M&A業務に従事する仲間
＝しんきんファミリーの皆様とともに

　われわれは、信用金庫の取引先となる中小企業こそが日本経済および地域経済の根底を形成し、わが国の技術と経済を支えているものと考えています。現在、400万社ほどの中小企業が日本にはあります。それぞれの中小企業が活躍することで文化や技術が伝承され、日本の基盤を形成する地域社会が発展をしてきました。ところが、加速度的に進む日本全体の人口減少と少子高齢化のため、いまや信用金庫の取引先である中小企業の3社に2社は後継者がいない状況であり、このままでは今後もより多くの会社が廃業を迎えることになります。中小企業の廃業が増加すると、これまで培ってきた技術や創業の理念は失われてしまいます。これは、その会社のみならず地域社会全体や信用金庫の経営にとっても大変大きな損失となります。

　こうした状況下においては、われわれが手がける中小企業の事業承継・M&A業務が非常に重要性を帯びてきます。信用金庫の大切な取引先である中小企業に着目し、事業承継・M&A業務に従事する仲間＝しんきんファミリーの皆様とともに、M&A業務を通じて会社を存続させるお手伝いをして少しでも地域社会の発展に貢献していきたいと考えています。

信用金庫が事業承継・M&A業務に関与できなければ

　もし、信用金庫が取引先企業の事業承継・M&A業務に関与できなければ、取引先企業は信用金庫以外の他の取引金融機関や地方銀行・証券会社等に事業承継の相談をするかもしれません。そうなれば、M&Aにより信用金庫の貸出金が全額返済されたり、それまで長年にわたって培ってきた取引が大幅に縮小されることにつながります。また、信用金庫が事業承継・M&A業務に関与できなければ、M&A取引は秘密裏に進められるために、信用金庫には事前情報がまったく入らないことになります。そして、M&A取引が信用金庫の知らないままに成立した場合、買手企業からすれば信用金庫は単なる「旧の取引金融機関」の1つにすぎなくなるため、信用金庫の融資取引は基本、全額返済につながります。また、株式売却代金の入金や退職金に関する融資取引が発生することもなく、従業員の個人取引の多くが失われます。さらには、M&A仲介に伴う手数料収入の機会も失うこととなります。このように、これまでの取引のほぼすべてを失うことになり、取り返しのつかない事態につながる可能性もあります。

信用金庫との事業承継・M&A業務を通じて感じたこと

　これまでの信用金庫との事業承継・M&A業務の多くの共同事例を通じて感じたことを3つ述べます。

　まず1つ目に、「あの取引先は後継者がすでに決まっている

から」「あの企業は社長の息子が社内にいるから」「あの社長はまだ若いから事業承継なんでまだまだ先だ」。このような勝手な思い込みや先入観が先行し、取引先企業の社長に事業承継の方向性や社長ご自身の考えなどを直接確認していないケースが少なくありません。実際に本書の事例にもあるとおり、私が信用金庫の皆様と携わった売手企業の約半分は社内に親族がおられましたし、昨今は40歳代という若い社長からの事業承継のご相談も増えています。取引先企業に対する勝手な先入観は禁物といえます。

２つ目に、信用金庫を通じて経営権の譲渡の相談に来られる取引先企業の大半は、相談のタイミングが遅すぎるということです。われわれはいつも「相談は早めに、決断は慎重に」ということを申し上げています。取引先企業の社長からすれば体力が続く限りは自らで事業を継続される傾向が強いのですが、どうしても〝社長の健康状態〟と〝会社の健康状態〟は正比例する傾向にあります。つまり、社長の健康状態の悪化に伴い、会社の健康状態も悪化＝財務状態の悪化の傾向が顕著となります。事業承継・M&Aの手続は、相応のプレッシャーとストレスを伴うケースもたくさんあるため、取引先企業の社長がまだ健康なうちに、信用金庫とともに事業承継相談により積極的に着手していただくことが大切です。

３つ目に、大半の信用金庫の営業店職員は、融資取引のある取引先のみを訪問し、純預金先など融資取引がない取引先には

積極的に訪問を行っていないのが現状かと思います。しかし、日本M&Aセンターにダイレクトに相談に来る譲渡希望企業のなかには、"無借金経営"の会社も数多くあります。ここからいえることは、信用金庫との取引の有無は関係なく、ほぼすべての信用金庫の取引先企業に事業承継ニーズがあると考えたほうがいいということです。

信用金庫は事業承継・M&A業務が得意なはずである理由

　信用金庫ほど地域社会に密着している組織はないとわれわれは考えています。本書で紹介したように、信用金庫からご紹介いただいた売手企業と買手企業の経営者の方々にはそれぞれの人生や経営に対する思いがあり、そこにはストーリーや大きな志が存在します。売手企業の経営者にとって自らの会社は自分の分身そのものであり、人生そのものでもあります。長年お取引きをしてきた信用金庫も、まったく同じ思いをもたれているのではないでしょうか。われわれは信用金庫の皆様とその思いを共有し、本書の事例をきっかけに事業の存続と雇用の継続のための事業承継・M&A業務のすばらしさに気づいていただきたいと思っています。また、より多くの信用金庫の取引先が幸せな事業承継を実現され、雇用の維持ならびに豊かな地域社会の創造と信用金庫の取引先数の減少に少しでも歯止めをかけていきたい、それがわれわれの願いです。そして、できるだけ早い時期に本書の続刊が刊行できるように、われわれもより多く

の事例を信用金庫の方々と共有できれば幸いです。

　最後に本書を執筆するにあたり、しんきんファミリーにおける各事例の掲載に積極的に協力していただきました信用金庫の方々に心より感謝いたします。

日本M&Aセンター　**鈴木　安夫**

飯塚　仁康

【著者略歴】

飯塚　仁康（いいづか　ひとやす）

株式会社日本M&Aセンター　金融法人部
1971年奈良県香芝市生まれ。
1995年大阪教育大学教育学部卒業後、農協系統金
融機関に入社。

2008年同志社大学大学院（経営学修士・MBA）修了後、日本M&Aセンターに入社。地域金融機関との共同案件を中心に多数の成約を有する。
2014年に一般社団法人金融財政事情研究会との共催で、全国信用金庫事業承継・M&A研究会（しんきんファミリー）を立ち上げ、企画から運営に至るまで鈴木安夫とともにその中心的な役割を果たす。
全国の信用金庫からの多くの事例を題材として、その豊富な経験をもとに年間30回ほどの信用金庫の役職員向け研修会や顧客向けセミナーの講師を務めている。信用金庫との実体験に基づいた語り口で、事業承継・M&A業務の体制づくりと専門的人材の育成をより積極的にサポートし、信用金庫業界における事業承継・M&A業務の"パイオニア"の1人として全国的に活躍している。家族は妻と一男一女。

共著に『金融機関の法務対策5000講』（金融財政事情研究会）。

【監修者略歴】

鈴木　安夫（すずき　やすお）

株式会社日本M&Aセンター　執行役員　金融法人部長

1972年栃木県那須塩原市生まれ。

1995年大学卒業後、株式会社足利銀行へ入行し、法人営業に従事。

2003年日興コーディアル証券へM&Aトレーニーとして出向。その後、足利銀行本部M&A部署にて業務推進。

2004年日本M&Aセンター入社。経営支援室の専任スタッフとして、NPO法人日本企業再生支援機構の立上げおよび運営をこなす傍ら、法的整理や私的整理のなかでの再生型M&Aや後継者問題を解決するための後継者不在型M&Aおよび事業承継を含む経営コンサルティングを専門とする。

現在は、金融機関との協働案件を担当する金融法人部にて、金融機関からの紹介案件を中心に活動。豊富な事例の経験と銀行員の職歴を活かし、年間100回程度の講演を行う。全国の地方銀行、第二地方銀行、信用金庫等を担当する金融法人部の統括責任者を2017年より務める。

2012年に、一般社団法人金融財政事情研究会とM&Aエキスパート認定制度を立ち上げ、2018年5月末現在で同制度の資格取得者は2万人を超える。

共著に『地域金融機関のための中小企業M&A入門』『ゼロからわかる事業承継型M&A』（金融財政事情研究会）、『事業承継を成功に導く中小企業M&A』（きんざい）、『〔最新版〕中小企業のためのM&A徹底活用法』（PHP研究所）など多数。

【執筆協力】

株式会社日本M&Aセンター　鏡味　至

信用金庫役職員向け研修会・顧客向けセミナー開催のご相談を受け付けております。また、本書に関するご意見やしんきんファミリーに関するお問合せ、「簡易企業評価サービス」（無料）のご依頼、&Bizに関する問合せなどがございましたら、下記メールアドレス宛てにご連絡ください。

shinkinfamily@nihon-ma.co.jp

日本M&Aセンター　しんきんファミリー事務局

03-5220-4936

**全国信用金庫事業承継・M&A研究会
（しんきんファミリー）とは**

中小企業における事業承継・M&Aをめぐる基本的な知識を相互に深め向上させることに加え、事業承継・M&A担当者同士の親睦・交流を深めることおよび事業承継・M&A業務を信用金庫役職員の皆様に幅広く啓発することを目的としております。本研究会では、信用金庫役職員の皆様が対応すべき事業承継・M&Aにおける基本的な相談対応について、実務に直結し、かつ人材育成につながる内容をご提供いたします。一般社団法人金融財政事情研究会と株式会社日本M&Aセンターとの共催で、年2回（5月・11月）定期的に開催しています。

全国の小規模事業者にこそ、M&Aの活用を

全国の企業のうち、85%が小規模事業者です。

そんな中、中小企業経営者の高齢化が進展し、2015年〜2020年までに約30.6万人の中小企業経営者が新たに70歳に達し、約6.3万人が75歳に達します。（母集団122万人を法人数172万社で割り戻して推計）。

そして60歳以上の経営者のうち、50%超が廃業を予定しており、特に個人事業者においては、約7割が「自分の代で事業をやめるつもりである」と回答しています。

廃業予定企業の中にも好業績企業が存在します。

廃業予定企業であっても、3割の経営者が、同業他社よりも良い業績を上げていると回答し、今後10年間の将来性についても4割の経営者が少なくとも現状維持は可能と回答しています。

事業者が事業承継を選択しない場合には、上記のような企業もそのまま廃業する可能性が高く、それにより当該企業が維持している雇用や技術、ノウハウが失われてしまう可能性が高いのです。

そんな全国の小規模事業者の経営課題を解決するのが「&Biz」です

「しんきん&Biz」とは？

全国の信用金庫と&Bizが連携して実現する信用金庫間情報活用プロジェクトの名称です。

どの地域でも、どんな規模の信用金庫のお客様にもM&Aを活用してもらうための仕組みを提供します。

併せて、信用金庫の従業員の皆さまのM&Aスキル獲得を全面的にサポートいたします。

信用金庫導入数100を目標に、&Bizは信用金庫の情報インフラを目指します。

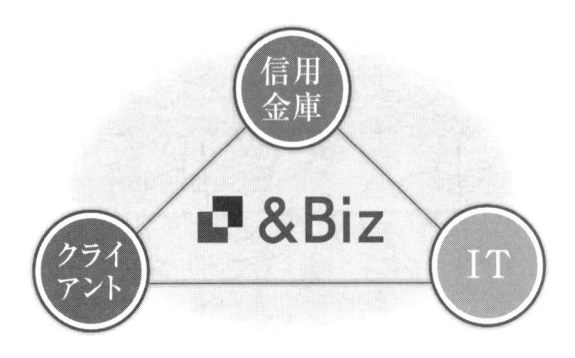

現在全国で24の
信用金庫様が
導入されています

（2018年7月現在）

空知信用金庫
北見信用金庫
一関信用金庫
株式会社みと地域総合研究所
高崎信用金庫
平塚信用金庫
新潟信用金庫
長岡信用金庫
三条信用金庫
福井信用金庫
松本信用金庫
アルプス中央信用金庫
岐阜信用金庫
浜松信用金庫
焼津信用金庫
碧海信用金庫
豊田信用金庫
滋賀中央信用金庫
広島信用金庫
福岡ひびき信用金庫
京都中央信用金庫
京都信用金庫
長野信用金庫
尼崎信用金庫

&Biz　検索

しんきんファミリーにおける事業承継・M&A事例集
——信用金庫の地方創生戦略

2018年8月30日　第1刷発行
2023年9月1日　第7刷発行

著　者　飯　塚　仁　康
監修者　鈴　木　安　夫
発行者　加　藤　一　浩
印刷所　三松堂株式会社

〒160-8520　東京都新宿区南元町19
発　行　所　一般社団法人 金融財政事情研究会
企画・制作・販売　株式会社きんざい
出 版 部　TEL 03(3355)2251　FAX 03(3357)7416
販売受付　TEL 03(3358)2891　FAX 03(3358)0037
URL https://www.kinzai.jp/

※2023年4月1日より企画・制作・販売は株式会社きんざいから一般社団法人
金融財政事情研究会に移管されました。なお連絡先は上記と変わりません。

ISBN978-4-322-13252-6